Das Medizinrad als Schlüssel zum Glück
Teil 2

Für Verena, Julian, Dominik, Paul und alle Verwandten, Freundinnen, Freunde und Bekannten, die im Winter geboren sind, mir in irgendeiner Weise nahe stehen und geholfen haben, diese Jahreszeit am Medizinrad besser zu verstehen

Rita Kasparek

Das Medizinrad als Schlüssel zum Glück Teil 2

Die Gabe des Winters

Bibliografische Information der Deutschen Nationalbibliothek:
Die Deutsche Nationalbibliothek verzeichnet diese Publikation in der
Deutschen Nationalbibliografie; detaillierte bibliografische Daten sind
im Internet über http://dnb.dnb.de abrufbar.

*Das Buch beinhaltet den leicht veränderten und erweiterten Winterteil
des Buches „Begegne HEUTE deinem Glück", erschienen 12-2011 im
Verlagshaus Schlosser, Friedberg*

Illustration: Rita Kasparek
Bildnachweis:
Umschlagseite „Winterenergie" ©Michaela Sommerfeld
Herstellung und Verlag: BoD - Books on Demand, Norderstedt

ISBN: 9 783 753 420 837

Inhalt

Hinweis

Das vorliegende Buch ist sorgfältig erarbeitet worden. Dennoch erfolgen alle Angaben ohne Gewähr. Die Autorin kann für eventuelle Nachteile oder Schäden, die aus den im Buch gemachten praktischen Hinweisen resultieren, keine Haftung übernehmen.

Vorbemerkungen zum zweiten Band

Lieber Leser! Liebe Leserin!

Herzlich willkommen! Du bist dabei, Dich auf die Winterenergie des Indianischen Medizinrades einzulassen.

Falls Du bereits die zwei Bücher von Sun Bear gelesen hast, bist Du bestens vorbereitet. Denn diesem geistigen Visionär haben wir die kunstvolle Anordnung von Steinen und Symbolen zu verdanken, die uns von jetzt an begleiten soll.

Ansonsten machst Du es genauso, wie ich vor vielen Jahren begonnen habe. Im Vertrauen darauf, GUT und richtig geführt zu werden, darfst Du Tag für Tag einen kleinen und deshalb einfachen Schritt tun rund um das große Erdenrad. Du wirst Deine Brüder und Schwestern, die Tiere, Pflanzen, Steine, näher kennenlernen, und stimmst Dich darauf ein, ihre Hilfe zu erbitten und dankbar entgegenzunehmen.

Besonders jetzt im Winter will das Medizinrad gesehen, geschmeckt, begriffen werden. Es lässt sich finden, wann und wo immer wir unsere Sinne für die Natur öffnen.

Ich habe bisher keinen Weg gefunden, der mich leichter und inniger zu mir selbst geführt hätte. Das respektvolle, liebevolle Zusammenspiel aller irdischen Wesenheiten schenkt uns das Erleben wahrer Gerechtigkeit und tiefen Friedens. Wir sind Teil davon. Das zu erkennen, ist unser Auftrag.

**Lasst uns jetzt gemeinsam
das Geschenk der Fülle allen Seins erleben!**

Praktische Anweisung

Am folgenden Legeplan kannst Du Dich orientieren, falls Dir das Medizinrad noch fremd ist oder auch, wenn Du momentan keine Zeit oder Gelegenheit findest, eines für Dich zu bauen.

Legeplan

Wenn möglich, legst Du Dir natürlich z. B. mit Steinen oder Muscheln Dein Medizinrad selber (s. Literaturverzeichnis Sun Bear, „Das Medizinrad Praxisbuch")

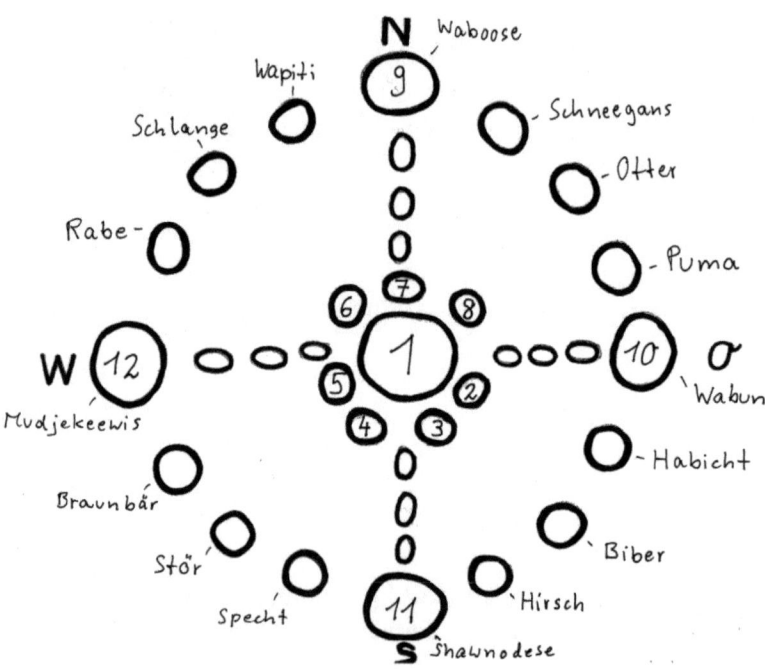

Empfohlene Hilfsmittel

- Schreibzeug, Farbstifte und einen besonderen Lieblingsstift (z. B. golden)
- ein leeres Schreibheft
- täglich ca. 15 Minuten Zeit am Morgen oder am Vorabend, um das Thema den Tag über auf Dich wirken zu lassen

Bearbeite täglich eine Aufgabe, aber nie gegen Deinen erklärten Willen! Unangenehmes darfst Du einfach überspringen, bis irgendwann der richtige Augenblick dafür kommen wird.

Beachte: Immer wenn im Buch die Themen „inneres Kind" oder „Chakren" auftauchen, findest Du im Anhang bei den Chakren-Stationen (ab S. 109) ein nützliches Hilfsmittel, um lösungsorientiert zu handeln.

Wahrscheinlich trittst Du in diesem Winter zum ersten Mal Deine Reise rund um das Medizinrad an. Dann bist Du vielleicht etwas aufgeregt oder grübelst gar, ob dieses geplante Vorhaben eine Nummer zu groß für Dich ist. Keine Bange!!! Wen das Medizinrad einmal gerufen hat, dem schenkt es immerzu die nötige Unterstützung, die Zeit, die Erkenntnisse, die Geduld und all die Liebe, um diesen Weg auch voll GENIESSEN zu dürfen!

Da der Weg am Medizinrad aber nicht immer geradlinig erfolgt, bist Du vielleicht zu einer anderen Jahreszeit an einem Punkt angekommen, wo das irdische Leben mit all seinen Herausforderungen Dir so zu schaffen macht, dass Du die winterlichen Prozesse des Innehaltens, Reinigens und Loslassens benötigst, um körperlich, finanziell oder beruflich wieder Fuß zu fassen. Natürlich kannst Du den nördlichen Sektor beschreiten, wann immer Du seiner Unterstützung bedarfst.

Lasst uns JETZT gemeinsam im Norden den ersten Schritt tun!

Das Medizinrad im Winter

Himmelsrichtung: **Norden**

Element: **Erde**

Geistiger Hüter: **Waboose**

Übergeordnetes Thema:
Physischer Körper, Gesundheit, Beruf, Finanzen, Wohnsituation

Krafttier: **Der weiße Büffel**

Tageszeit: **Mitternacht**

Lebenszeit: **alter Mensch und Neugeborenes**

Zugehörige Monate:

Mond der Erderneuerung im Zeichen der Schneegans:
22. Dezember - 19. Januar

Mond der Rast und Reinigung:
20. Januar – 18. Februar

Mond der großen Winde:
19. Februar – 20. März

Energiebild „Waboose"
©Michaela Sommerfeld

Energiebild „Winter"
©Michaela Sommerfeld

Büffel
Public Domain: Jack Dykinga

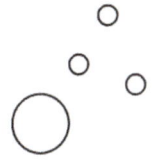

Erd-Element   **Luft-Element**   **Wasser-Element**

Mond der Erderneuerung

Schneegans

Uraltes Wissen

Vergangenheit Gegenwart Zukunft

Du ordnest die Kräfte

Respektvoll

Die Lernthemen

Der Winter ist die Zeit der Manifestation.
Erlebe, wie Geistiges sich mit dem Erdhaften verbindet!

Der Winter ist die Zeit des Innehaltens.
Nütze die Chance,
um eine gründliche Bestandsaufnahme zu machen!

Der Winter ist die Zeit der inneren Erneuerung.
Erkenne Deine Möglichkeiten!

Der Winter ist die Zeit der Genügsamkeit.
Lass alles los, was Dich unnötig belastet!

Schneegänse (Pixnio)   Honeysuckle = Geißblatt   Birke

Beinwell   Eiche = Oak

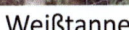

Weißtanne   Tanne   Schwarzdorn

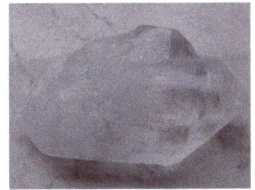

Wacholder   Onyx   Bergkristall

22. Dezember

Herzlich willkommen am Anfang des Medizinrad - Jahres!

Falls dies Dein erster Lernschritt ist, bist Du im Begriff, Dich auf eine neue, Dir bisher so nicht bekannte Qualität Deines Lebens einzulassen. Ich gratuliere Dir zu Deinem Mut, die Welt von nun an mit neugierigen, erwartungsvollen Augen zu sehen. Es wird ein aufregender, manchmal schwieriger, aber immer lohnenswerter Weg sein. Du gehst ihn in Begleitung aller Erdenwesen und Du wirst täglichen Zugang zu einer Quelle von Kraft und Freude erhalten, die Dir bisher so nicht zur Verfügung stand.

Vielleicht durchläufst Du schon eine zweite oder dritte Runde. Dann bist Du von gestern auf heute wie üblich nur einen kleinen Schritt weit gegangen. Aber Du befindest Dich nun sozusagen auf einer anderen Plattform. Sei also nicht erstaunt, wenn Dir wieder alles neu und fremd erscheint!

Wo auch immer Dein Ausgangspunkt sein mag: Wie empfindest Du den Übergang von gestern auf heute, vom Herbst zum Winter:
Als Absturz? Als Erleichterung? Als Überraschung?

Bitte male in Deinem Lernheft zur Veranschaulichung ein einfaches Energiebild! Stelle den Herbst als Dreieck dar, in dem die Pfeilspitzen nach oben zeigen! Darunter zeichnest Du ein Quadrat für die Schwingungsform des Winters!

Spüre genau hin! Mit welcher Farbe möchtest Du die Formen anmalen: *rot, orange, gelb, grün, rosa, hellblau, dunkelblau, violett?* Wähle je eine Farbe für das Dreieck und eine für das Viereck!

Mach Dich bereit für das Neue, das Dich erwartet!

23. Dezember

Die gestrige Aufgabe war doch sicher recht einfach für Dich? Unserem Unterbewussten fällt es leicht, eine stimmige Farbe zu wählen, ohne dass wir groß darüber nachdenken. Umso spannender ist es, nachzuvollziehen, für was wir uns eigentlich entschieden haben. Welche Schwingung steckt hinter der Farbe, die Dir momentan gut tut?

Farben sind Seelenbalsam für unser Inneres Kind. Und da wir im Medizinrad gerade eine Position betreten haben, die uns hier auf der Erde Fuß fassen lässt, darfst Du heute mit dem kleinen Kind in Kontakt treten, das Du bei Deiner Geburt gewesen bist.
Bitte blättere im Anhang zu den Chakren - Stationen und betrachte das Kinderbild <u>der</u> Farbe, die Du gestern für das Viereck gewählt hast:
Rot – 1. Station, Orange – 2. Station, Gelb – 3. Station ......
Zusätzlich wäre es hilfreich, ein echtes Kind zu beobachten, beim Schlafen, beim Essen, beim Spielen.

Wenn Du das ausgewählte Kind genau betrachtet hast, schließe die Augen und sieh Dich selbst als Neugeborenes, taufrisch hier auf Erden angekommen!
Schreibe in Deinem Lernheft: *Herzlich willkommen, kleine(r)*..... und male Dir ein wunderschönes Symbol dazu: eine Blume, einen Vogel, einen Stern, einen Fisch .....!

Ich wünsche Dir einen frohen Tag bis morgen!

24. Dezember

Konntest Du mit allen Sinnen spüren, wo Du angekommen bist, damals, bei Deiner Geburt? Hast Du Dich erinnert, wie das war, zu einer Familie zu gehören, empfangen und willkommen geheißen zu werden?
Fragen wir heute weiter! Woher eigentlich bist Du gekommen?

Im Medizinrad steht in der Position des Nordens gleichrangig neben dem neugeborenen Kind ein uralter Mann. Ende und Anbeginn sind eins, der Kreis beginnt da, wo er sich schließt. Schau deshalb zurück zum Ausklang des alten Medizinrad - Jahres! Das ist Dein Ausgangspunkt: die Feuerenergie, Dein geistiges, spirituelles Wesen. Wir sind <u>auf</u>, nicht <u>von</u> der Erde. Die christliche Kirche nennt diesen einmaligen Vorgang Weihnachten.

Vorgestern hast Du das Feuer-Dreieck gemalt. Betrachte es und vergleiche die Farbe, die Du dafür gewählt hast, wieder mit den Stationen der Chakren!

Notiere Dir in Deinem Lernheft, welcher Engel in der von Dir gewählten Farbe schwingt und welche Botschaft er Dir mitteilen möchte!

ROT: Der hilfreiche himmlische Begleiter Uriel ermöglicht mir die Umsetzung und Manifestation meiner kindlichen Bedürfnisse.

ORANGE: Die Engel Camael und Uriel stehen mir schützend zur Seite, um Stabilität und einen gesunden Ausgleich zu schaffen.

GELB: Kraftvoll und steuernd unterstützt der Erzengel Michael mein Streben nach Selbstbestimmung.

GRÜN und ROSA: Sanft, zärtlich und heilend begleiten mich die Erzengel Haniel und Raphael, um in die göttliche Liebe einzutauchen.

HELLBLAU: Der Erzengel Gabriel befreit mich. Er schenkt mir Leichtigkeit und Kreativität.

DUNKELBLAU/INDIGO: Der Erzengel Michael lehrt mich den Glauben und die nötige Demut, um mir meiner selbst bewusst zu werden und Wahrheit von Illusion trennen zu können.

VIOLETT: Mit der Hilfe des Erzengels Methatron gelingt es mir, die Glückseligkeit des jetzigen Augenblickes zu erleben.

Ich wünsche Dir das Erleben echter Weihnachtsfreude!

25. Dezember

Hattest Du einen schönen, besinnlichen „Heiligen Abend"? Durftest Du erspüren, wie sich Feuer- und Erdelement vermischen? All der Kerzenschein erzählt uns eine einzige Botschaft: Gott ist Mensch geworden. Das ist die Ursache unserer Freude, der Sinn hinter all den Geschenken.

Betrachte Deine Gaben voller Dankbarkeit (auch die weniger gelungenen!).
Bitte schreibe in Dein Lernheft:
Das schönste Geschenk für mich war gestern ....
(Solltest Du von niemandem beschenkt worden sein, erinnere Dich bitte an ein früheres Weihnachtsfest zurück!)

Und nun geh zum Medizinrad! Betrachte den Stein des Nordens, all die anderen kreisförmig angeordneten Steine und den gewaltigen zentralen Stein der Mitte, der Deine Blicke auf sich zieht!
Erlebe das Geschenk, HIER anwesend sein zu dürfen! Hier auf der Erde hast Du DEINEN Platz zugewiesen bekommen. Bewege Dich mit bedächtigen Schritten vom nördlichsten Punkt im Uhrzeigersinn vorwärts und schreite das Rad des Lebens ab!

Wenn Du den Kreis vollzogen hast und wieder bei Deiner Ausgangsposition angekommen bist, halte inne! Wiederhole mit lauter Stimme den Satz, den Du heute im Lernheft aufgeschrieben hast: *Mein schönstes Geschenk war* ....
Bedenke, alles was wir in Händen halten dürfen, und alles was wir in irgendeiner Weise er-HALTEN, ist Teil des großen Rades!

Ich wünsche Dir einen erholsamen, weihnachtlichen Spaziergang!

26. Dezember

Nimm das von Dir bevorzugte Geschenk noch mal zur Hand!
(Oder erinnere Dich an ein früheres Geschenk!)

Was ist so besonders daran? Wer hat es für Dich ausgesucht, es Dir gegeben? Spüre die Liebe und Verbundenheit zu dieser Person!

Dieses Geschenk ist großartig, und doch ist es bloß ein Abglanz des kostbarsten Geschenkes, das Dir gegeben worden ist: Dein Leben!

Schließe Deine Augen und erinnere Dich an einen besonderen, kostbaren Augenblick in Deinem Leben, wo Du wirklich glücklich warst, ganz eins mit Dir selbst, ganz eins mit Deiner Familie, ganz eins mit Deinem Schöpfer!

Erlebe das Geschenk, HIER anwesend sein zu dürfen! Hier auf der Erde hast Du DEINEN Platz zugewiesen bekommen. Du bist hier MENSCH geworden wie das kleine Göttliche Kind, dem wir in diesen Weihnachtstagen begegnen durften. Nichts und niemand kann Dich vom zentralen Punkt Deines Seins trennen außer Du selbst! GOTT ist hier, bei Dir, in Dir, erdenhaft greifbar und fassbar.

Im Medizinrad des Sun Bear ist dieser Energie des Bei-Sich-Angekommen-Seins und Ganz-In-Sich-Ruhens als Himmelsrichtung der Norden zugeordnet. Der zugehörige Geisthüter, der uns diese Botschaft übermittelt und verdeutlicht, heißt *„Waboose"*.

Notiere diesen Namen in Deinem Lernheft und zeichne außen herum ein großes Quadrat!

Viel Freude an diesem zweiten Weihnachtsfeiertag!

27. Dezember

Gestern durftest Du dem geistigen Hüter „Waboose" begegnen, dessen beruhigende Energie zur Wintersonnenwende im Medizinrad aufleuchtet und die ersten drei Monate des Jahres erhellen wird.

Dieser erdhaften Energieform entspricht im Tierreich der Büffel. Wenn Du dieses kraftstrotzende Tier näher begutachtest, wirst Du schnell verstehen, warum: Den Indianern hat er in ihrem ursprünglichen natürlichen Lebensraum nahezu alles geschenkt, was zum Leben nötig war: Nahrung, Wärme, Bekleidung, Werkzeug.

Energetisch gesehen wird Waboose als die weiße Büffel-FRAU verkörpert. Betrachte das Bild des Büffels, schließe die Augen und lasse die Verwandlung geschehen, bis die Vision dieses makellosen, mütterlichen Krafttieres in Dir aufsteigt!

Überlege kurz, was Du persönlich für ein GUTES Leben benötigst: *Gesundes Essen, Kleidung, ein schönes Zuhause ...*

Die Zeit der Fülle, die wir in den vergangenen Tagen (hoffentlich!) erleben durften, schafft Vorräte für die Tage des Mangels.

Es ist sehr wichtig, solche Erfahrungen zu speichern. An Weihnachten gelingt das ja auch gut, weil unsere Sinne so vielfältig angesprochen werden.

Schließe nochmals die Augen und spüre in Dich hinein! Was hat Dir besonders gut gefallen, was hat Dich berührt, was hat Dir Zufriedenheit geschenkt: *Welcher Geruch? Welcher Geschmack? Ein bestimmter Anblick? Eine besondere Musik? Das Auspacken der Geschenke?*
Bitte notiere in Deinem Lernheft: *Das Allerschönste an Weihnachten war diesmal .....*

Was hättest Du wohl als kleines Kind aufgeschrieben?

Ich wünsche Dir wunderschöne Erinnerungen!

28. Dezember

Durftest Du gestern erfahren, wie REICH Du eigentlich bist, wie sehr Du von Kindheit an immer wieder beschenkt wurdest mit GÜTERN, die Dir mittlerweile fast schon selbstverständlich erscheinen?

Erspüre die Zeiten der Fülle mit Deinem ganzen Körper, indem Du mit Mutter Erde eine direkte Verbindung aufnimmst!

Stelle Dich aufrecht hin und stampfe mit den Füßen, so fest Du kannst! Male Dir aus, Du bist ein Indianer, der um das Medizinrad tanzt! Wenn Du dann erschöpft bist, lege Dich flach ausgestreckt auf eine Matte oder auf den Teppich, sodass Du mit Händen, Füßen, Gesicht eine innige Verbindung zur Erde aufnehmen kannst!

Besonders schön ist es, die Übung im Freien durchzuführen. Dann gehst Du zum Ausruhen einfach in die Hocke.

Schließe die Augen und denke an alles, was Dir hier auf der Erde das Leben schön macht: *die Pflanzen, die Tiere, die Menschen, die Steine ....*

Spüre, wie Dich die Erde trägt und Dir ihre Kraft schenkt. Bedanke Dich bei ihr!

Wenn Du heute draußen spazieren gehst, stell Dir immer wieder vor, wie Du Dich auf die Erde legst, auf das Moos, ins Gras, in den Schnee und wie Du dabei der Mutter Erde ganz, ganz nahe kommst!

Alles Liebe bis morgen!

29. Dezember

Hast Du spüren können, wie Dir unsere Mutter Erde Kraft und Ruhe schenkt, wie die Hektik der Vorweihnachtstage langsam abfließt und eine wärmende Beständigkeit unseren Körper erfüllt, sobald wir uns Zeit nehmen, für unsere Lieben und für uns selbst?

Die besondere Energie der derzeitigen Position wird verstärkt durch eine Schwingung, die von den Indianern der Seeschildkröte zugeordnet ist. Ihre Ähnlichkeit mit der Riesenschildkröte, dem Symboltier für unsere Mutter Erde (im Legeplan Nr.2), ist unübersehbar. Freilich ist sie viel kleiner und bewegt sich im Wasser durchaus wendig, doch besitzt sie einen ebenso starken, tragfähigen Rücken wie ihre auf dem festen Land lebenden Artverwandten.

Menschen, die zwischen dem 22. Dezember und dem 19. Januar, dem Mond der Erneuerung geboren sind, werden dem Schildkrötenklan (Legeplan Nr. 5) zugeordnet und haben bei ihrer Geburt eine besondere Verantwortung für die Erde und deren Belange überantwortet bekommen.

Solange wir eine von der Schildkröte geprägte Zeit durchlaufen, sind wir allesamt angewiesen, uns bedachtsam und achtsam, fürsorglich und geduldig um die Lebewesen dieser Erde und die irdischen Dinge zu kümmern.

Vielleicht findest Du in Deiner nahen Umgebung eine echte oder wenigstens eine nachgebildete Schildkröte.

Schließe die Augen, setze Dich gedanklich auf den Rücken dieses verlässlichen, starken Tieres und begib Dich auf eine kleine Seelenreise! Gemeinsam durchschwimmt ihr einen Teich, angefüllt mit herrlichen frisch erblühten Seerosen. Aufmerksam betrachtest Du die seltsamsten Wassertiere und Pflanzen, die Du so noch nie gesehen hast.

Magst Du im Lernheft Deine Erlebnisse in einem kleinen bunten Bild festhalten? Schreibe darunter: *Staunend begegne ich der starken, beständigen, schöpferischen Kraft, die in mir wohnt.*

Genieße die Ruhe dieses winterlichen Tages!

30. Dezember

Hast Du Dich mit der Schildkröte angefreundet und die wunderbare Erfahrung des HIER und JETZT machen dürfen?

So wie sich die Erde derzeit erneuert und zu neuer Kraft kommt, darfst Du selbst IN DIR zur Ruhe finden, frei von Ablenkungen und Belastungen, die uns nur scheinbar „von außen" aufgedrückt werden.

Versuche, dieses innere Wissen immer dann einzusetzen, wenn die Zwänge unserer heutigen Gesellschaft das „Weiter, Schneller, Mehr" ausrufen und wir Gefahr laufen, uns immer stärker vom eigentlichen Menschsein zu entfremden.

Das hat viel mit „Loslassen" zu tun. Lass Dich vom Geißblatt, der Bachblüte Honeysuckle, inspirieren! Ihr Thema ist:

Ich akzeptiere meine Vergangenheit,
lasse Belastendes los
und nehme das Schöne mit
in mein jetziges gegenwärtiges Sein.

Mache heute eine Bestandsaufnahme der Dinge, die Dich umgeben! Betrachte mit liebevollem Blick Dein Umfeld, nimm alle Einzelheiten wahr, berühre, registriere, ohne zu bewerten: so viel Nützliches und so viel Unnützes, so Wichtiges und Unverzichtbares, und daneben all das Kleine, Unscheinbare!

Veranstalte ein Spiel in Deinem Kopf! Was wäre wenn ....
Du ein Zimmer weniger hättest?
Du einen Schrank weniger hättest?
Alles in einem Koffer Platz finden müsste?

Wie gesagt, es ist nur ein Spiel! Fühle, wie reich Du doch bist!

Gehe froh und dankbar durch diesen Tag!

31. Dezember

Ist es Dir gestern gelungen, bestimmte Dinge nicht allzu wichtig zu nehmen? Das würde nämlich umgekehrt bedeuten, allem was uns begegnet, denselben hohen Wert einzuräumen, ohne irgendwelche Unterschiede zu machen. Welch „wunderbare" Aufgabe!
Versuchen wir also heute, an diesem letzten Tag des Kalenderjahres, jeden Gegenstand, mit dem wir gerade zu tun haben, mit einem liebevollen, respektvollen Blick in uns aufzunehmen! Diese Art, Dinge GUT zu heißen, ist eine kraftvolle Segensübung, die uns zur täglichen Gewohnheit werden darf und unser aller Leben zutiefst verändern wird.

Lenke Deine ganze Aufmerksamkeit auf den einen Gegenstand, den Du jetzt siehst oder gerade benützen möchtest: *ein Bleistift, ein Apfel, das Telefon, die Tasse* .... Berühre ihn, rieche, schmecke, klopfe, knete, nimm ihn wahr!!
Hast Du ihn gekauft, geerbt, geschenkt bekommen? Wie lange besitzt Du ihn schon? Welche Tiere oder Pflanzen waren beteiligt, dass er entstehen konnte, so wie er jetzt ist?

Verbinde Dich nun mit jedem Menschen, der bei seiner Herstellung, beim Transport, beim Verkauf mitgewirkt hat, damit er heute in Deinem Besitz sein kann! Spüre nach, ob er eine Geschichte schöpferischer Freude in sich birgt oder ob er vielleicht gleichgültig, gar unter Leid und Tränen geschaffen wurde. Verbinde Dich mit all diesen, z.T. widersprüchlichen Energien! Und nun segne das Ding in Deinen Händen, heiße es GUT, schenke ihm einen liebevollen Gedanken, sodass jegliche Unvollkommenheit oder Wertlosigkeit von ihm abfallen!

Bedanke Dich bei allen beteiligten Menschen, Tieren, Pflanzen und bei unserer Mutter Erde, die uns dies alles schenkt und zur Verfügung stellt!

Ich wünsche Dir einen gesegneten Schritt in das NEUE Jahr!

1. Januar

Mit sanftem Glockengeläute und lautem Feuerwerksgetöse hat sich das Neue Jahr in unser Bewusstsein gedrängt.

Im Medizinrad finden wir als Zeichen des Neubeginns die Schneegans, auch sie auf ihrer langen Reise durch die Lüfte unüberhörbar! Betrachten wir doch heute einmal gemeinsam, warum die Indianer unter allen Tieren gerade diesen Vogel als Symbol gewählt haben für die Position der Grundlagen, der Festigkeit und Beständigkeit.

Gestern beim Segnen der Gegenstände bist Du sicher immer wieder auf Menschen in Deiner Vergangenheit gestoßen, die Dir das eine oder andere geschenkt und vererbt haben. Alles, was wir heute besitzen, ja alles, was wir heute sind (z. B. unsere Gene) lässt sich auf ein Gestern zurückführen. Und doch leben wir im Hier und Jetzt! So sind wir wie die Schneegans im jetzigen Augenblick zuhause und stehen doch gleichzeitig mit unserem früheren Zuhause in unauflöslicher Verbindung.

Falls Du heute zufällig ein paar Hausgänse beobachten kannst, wirst Du vielleicht die Wehmut und Trauer des „Eingesperrt seins" fühlen, die Sehnsucht nach den Lüften der Freiheit.

Nimm Dein Lernheft und male Dir das Erinnerungsbild einer Schneegans! Schreibe mit Deinem Lieblingsstift darunter: *Getragen von den Kräften der Vergangenheit lasse ich den Pfeil meiner Sehnsucht ein wunderbares Zuhause für mich finden.*

Ich wünsche Dir einen friedvollen, gesegneten Neubeginn!

2. Januar

Vielleicht konntest Du gestern schon tief in Dir den Ruf der Schneegans wahrnehmen.

Das imposante trompetenartige Geräusch, das wir über unseren Köpfen wie Fanfaren hören, wird von einer großen Vielzahl dieser Vögel erzeugt, die in einer sinnvoll geordneten V-Formation ihrem gemeinsamen Ziel entgegensteuern. Jede der vorne fliegenden Gänse bahnt einer der nachkommenden eine Luftschneise und lässt ihr dabei doch freie Sicht.

So sind auch unsere Vorfahren uns vorausgegangen, um die Zielrichtung vorzugeben. Was wir daraus machen, dürfen wir freilich selbst entscheiden.

Reserviere Dir bitte heute in Deinem Lernheft genügend Platz! Notiere für Vater, Mutter und jeden Großelternteil mindestens <u>eine</u> Eigenschaft oder Vorliebe, durch die Du Dich gerade mit diesem Menschen verbunden fühlst! (Selbst wenn Ihr Euch derzeit in einer Auseinandersetzung befinden solltet, wirst Du gewiss irgendetwas Schönes finden können!)

„Genau wie meine Mutter, mein Vater, ...
- genieße ich es, ...
- liebe ich .....
- kann ich .....
- bin ich ....."

Viel Spaß bei dieser besonderen Entdeckungsreise!

3. Januar

Wenn Dir die gestrige Übung gefallen hat, kannst Du sie natürlich jederzeit erweitern. Vielleicht magst Du sogar die Urgroßeltern einbeziehen, oder Geschwister und nahe Verwandte.

Heute spüre bitte genau in Dich hinein und frage Dich:
Welche Eigenschaft, welche Vorliebe möchte ich selber an meine Nachkommen oder einfach an meine Mitmenschen weitergeben?

Schreibe bitte Deinen Namen ins Lernheft, mit lauter untereinanderstehenden Großbuchstaben!
Setze nun (wie bei einem Kreuzworträtsel) zu jedem Buchstaben ein hübsches, kraftvolles oder einfach zu Dir passendes Wort ein!
(Beispiel: „E = energiegeladen, einfallsreich, entzückend ...."
„W = wissbegierig, wortgewandt, wertvoll ....")

Wenn Dir einmal nichts Geeignetes einfällt, kannst Du ersatzweise den Namen einer Pflanze oder eines Tieres wählen (Y = Ysop, C = Chamäleon ....) .

Gutes Gelingen und viel Freude beim Dich-selber-kennen-lernen!

4. Januar

Wie gefällst Du Dir mit Deinen wunderbaren Eigenschaften? Ich hoffe, Du bist nach der gestrigen Übung glücklich bei Dir selbst angekommen!

Heute könnte es etwas schwieriger werden. Bitte riskiere einen offenen, unverstellten Blick in den größten Spiegel, den Du griffbereit hast!

Betrachte Dich aufmerksam, unvoreingenommen und ganz ohne Wertung!

Schenke jedem Körperteil Deine liebevolle Aufmerksamkeit!

- *In welcher Weise hat er Dir bis heute gedient, hat er Dich durch Höhen und Tiefen begleitet?*
- *Ist er gesund und stark oder braucht er besondere Aufmerksamkeit?*
- *Teilt er Dir eine wichtige Botschaft mit, die Du bisher immer überhört hast?*
- *Hast Du diesen Teil an Dir genügend beachtet, ihn geliebt und ihm gedankt?*

Tu es heute!!!

Bitte notiere in Deinem Lernheft:
Am meisten liebe ich an mir ....
Um ...... werde ich mich von nun an noch besser kümmern.
Ich danke aus tiefstem Herzen für mein(e) ......

Entdecke Deine Schönheit!

5. Januar

Mal ganz ehrlich, macht es nicht Spaß, sich selber besser kennen und lieben zu lernen? Du bist ein so perfekter Spross Deiner Familie, ein so wichtiger Bestandteil der Welt, in der Du lebst. Bist Du nicht einfach rundum GUT GELUNGEN ?!!!

Vielleicht möchtest Du heute die Baumübung machen.
Stelle Dich aufrecht hin, suche einen festen Stand und verwurzle Dich nach unten! Nun breite die Arme aus und verbinde Dich in Gedanken mit einer Birke! Du bist diese Birke! Spüre die Kraft der Erde, die in Dir auf und abfließt! Spüre den Wind, die Sonne, den Schnee auf Deinen Ästen und Zweigen! Sei ein Teil der Natur!

Ab heute wirst Du eine jede Birke mit anderen Augen sehen. Gerade jetzt im Winter, wo die Bäume unbelaubt sind, kannst Du die Unterschiedlichkeit der Wuchsformen und Rindenarten gründlich studieren. Bei den Birken mit ihren vielfältigen Schwarzweiß-Zeichnungen bereitet das besonderes Vergnügen.

Bitte notiere in Deinem Lernheft die Information, die Dir die Birke mitteilen möchte:

Ich fühle mich geborgen und innerlich gefestigt.
Respektvoll begegne ich dem uralten Wissen in mir
und erfahre die Kraft des zeitlosen Seins.

Viel Freude beim Entdecken der Birke, die in der Nähe Deines Hauses wächst!

6. Januar

Wenn Du Dich besonders tief mit der Birke und ihrem Wissen verbinden möchtest, könntest Du (Vorgehensweise wie bei den Original Bach-Blüten) die Birken-Essenz einnehmen.

Wie herrlich, welch ein Reichtum in Dir steckt und welch eine Fülle Dich umgibt! Hast Du sie bisher in ausreichendem Maße genutzt?

Leider machen wir uns meist gar nicht recht bewusst, was alles möglich wäre und werden erst durch eine missliche Lage oder eine Krankheit wieder auf unsere geheimen Sehnsüchte gestoßen.

Für alle Veränderungen, die in diesem neuen Jahr stattfinden werden, legst Du bereits jetzt den Grundstein. In der Zeit der äußeren Ruhe bereitet sich vor, was im Frühling wachsen wird.

Nütze Deine heutige Übungszeit, Dich in Deinen Räumen umzusehen! So viel Schönes, und auch so viel Unnützes!

Möchtest Du etwas verändern, oder darf alles einfach bleiben, wie es ist?

Betrachte die Geschenke oder andere Dinge, die erst kurz dazugekommen sind!

Bereichern sie Dein Leben, oder beginnt sich hier Ballast anzuhäufen, der Dich behindert?

Du brauchst nichts zu entscheiden. Schau einfach unvoreingenommen hin und registriere dankbar die vielen schönen Sachen, die Du auf jeden Fall behalten möchtest!

Entdecke die Fülle, die Dich umgibt!

7. Januar

Wahrscheinlich warst Du selber überrascht, wie viele Gegenstände und Wertsachen sich bei Dir angesammelt haben.

Besonders wenn wir uns arm fühlen, nehmen wir vieles in der äußeren Wirklichkeit gar nicht mehr richtig wahr. Dabei ist die Dankbarkeit für die vorhandene Fülle das Sprungbrett für alles weitere GUTE, das auf uns zukommen wird.

Mache bitte heute einen echten Kassensturz!
Wie geht es Dir finanziell?
- Musst Du mühsam Dein Geld einteilen?
- Hast Du sogar Schulden, die Dich belasten?
- Oder kannst Du Dir meistens leisten, was Du möchtest?
- Lebst Du vielleicht schon im Überfluss und merkst es gar nicht, weil Dich das Materielle im festen Griff hält?
- Wieviel genau brauchst Du für ein entspanntes, gut abgesichertes Leben?

Egal, wie Deine Bilanz ausfällt, ich wünsche Dir das Erlebnis der Dankbarkeit für all das, was Du heute Dein Eigen nennen darfst!

P.S. Gönne Dir auch die kleine Freude, Dir für die nächsten Tage einen Heilstein zu besorgen, entweder einen Bergkristall oder einen Onyx, je nachdem, was Dir besser gefällt! (Du kannst ihn auch bei Freunden ausleihen oder einfach im Laden betrachten!)

8. Januar

Finanzielle Sorgen können sehr belastend sein. Selbst Menschen, die gut versorgt sind, neigen immer mal wieder dazu, sich das Schlimmste auszumalen.

Holen wir uns heute deshalb die Unterstützung einer Heilpflanze aus dem Kräutergarten, nämlich dem Beinwell. Du findest ihn auch in freier Natur in der Nähe von Äckern und an Waldrändern.

Wie der Name bereits verrät, hilft uns diese lila oder weiß blühende Pflanze, mit beiden Beinen richtig in der irdischen, materiellen Welt anzukommen.

Tatsächlich lässt sich aus den Wurzeln der Pflanze eine sehr wirksame Salbe herstellen. Mit den großen Blättern kannst Du einen Aufguss zubereiten. Beinwell wird äußerlich angewendet bei vielerlei Entzündungsprozessen der Haut, zum Gurgeln und besonders wirksam bei Verstauchungen und Prellungen.

Um die seelische Information des Beinwells tiefer aufnehmen zu können, gibt es ihn auch als Blütenessenz.

Bitte notiere in Deinem Lernheft:

Ich entwickle Standfestigkeit
und lerne, mich zu verwurzeln.
So finde ich zu innerer Ruhe
und kann mich besser
auf Herausforderungen einlassen.

Ich wünsche Dir bis morgen einen festen inneren und äußeren Stand!

9. Januar

Sicher hast Du, genau wie ich, Vieles finden dürfen, was Dir im äußeren Leben Kraft und Halt vermittelt.

Heute betrachten wir den Reichtum, der uns am allernächsten steht, nämlich die Gesundheit unseres Körpers.
Bevor Du jetzt vielleicht widersprechen möchtest und leise aufzuzählen beginnst, wo überall es bei Dir fehlt, schmerzt und zieht, machen wir eine kleine Übung, sozusagen einen GESUNDHEITS-Check. Wohlgemerkt, das Wort Krankheit kommt bei dieser Inventur gar nicht vor!

Suche Dir einen ruhigen, gemütlich warmen Platz zum Liegen oder Sitzen, schließe Deine Augen und atme tief ein und aus, bis Du Dich ein wenig entspannt hast. Nun beginne eine kleine Reise durch Deinen Körper, angefangen beim Kopf, über Hals, Schultern, Arme, Hände, Nacken, den Brust- und Bauchraum, den gesamten Rücken, Gesäß und Hüften, Beine, Knie, Füße bis zu den Zehen!

Betrachte Dich bei diesem Rundgang mit den Augen Deines Höheren Selbst! Alles, was Du siehst, ist perfekt und vollkommen. So wie Dein innerer Heiler jede kleine Wunde und jeden harmlosen Schnupfen im Handumdrehen hat heilen können, macht er vor Deinem inneren Auge alles vollständig und funktionstüchtig, was jemals nicht in Ordnung gewesen sein mag. Jede Deiner Zellen erfüllt ihren geheimen, göttlichen Plan, jede Faser Deines Körpers ist stark und zugleich geschmeidig, jedes Organ übernimmt seine Aufgabe, damit Du ein GUTES, wunderbares Leben führen kannst. Du siehst, hörst, riechst, schmeckst und fühlst den Reichtum Deines Daseins.

Bedanke Dich für die geschenkte Fülle und nimm das empfangene Wohlgefühl mit in den Tag!

10. Januar

Überfliege kurz die Einträge der letzten beiden Wochen! Bist Du nicht selbst überrascht, welche Fülle an Möglichkeiten Dich umgibt, welch überwältigenden irdischen Reichtum Du Dein Eigen nennen darfst?

In jedem Fall hat sich die biblische Bitte: „Unser tägliches Brot gib uns HEUTE!" für Dich erfüllt, oder etwa nicht? Wenn unser Kopf nicht so aktiv wäre und jederzeit Ängste produzieren würde, die über die nächsten 48 Stunden weit hinausreichen, könnte es uns wirklich GUT gehen!

Nimm Dir heute, vielleicht bei einem kleinen Winterspaziergang, die Zeit, um alle Bereiche Deines irdischen Lebens durchzugehen! Wo entdeckst Du bei Dir Ängste, das Gefühl von Mangel, den dringlichen Wunsch nach MEHR, Gier oder Sucht? Am besten verhelfen uns einge-fleischte Gewohnheiten oder immer wiederkehrende, kreisende Ge-danken auf die richtige Spur. Bitte notiere zum Schluss in Deinem Lern-heft: *Heute entschließe ich mich, mir meine Angst vor Verlust, meinen Mangel an Vertrauen, meine Unzufriedenheit einzugestehen.*

Prüfe, welche Bereiche für Dich besonders aktuell sind!
- *derzeitige Arbeitsstelle, Arbeitslosigkeit, falscher Beruf?*
- *Umgang mit Geld, Geldknappheit, Schulden, übermäßiges Sparen?*
- *Essen insgesamt, Verzehr von Süßigkeiten, ...?*
- *Trinken? Rauchen?*
- *Fernsehen, Computer, ...?*
- *Einverstanden sein mit der eigenen Herkunftsfamilie?*
- *Derzeitige Beziehungen, Partnerschaft, Familiensituation?*
- *Angst vor dem Alleinsein, Langeweile?*
- *Gesundheitszustand, Krankheiten, Behinderungen?*
- *Äußeres Erscheinungsbild?*
- *Geschlechtszugehörigkeit?*
- *Unzufriedenheit mit   ...?*

Ich wünsche Dir (und mir) viel Kraft und Ehrlichkeit an diesem heu-tigen Tag!

11. Januar

Zugegeben, die gestrige Aufgabe war sehr anspruchsvoll, vielleicht sogar anstrengend für Dich? Wohin mit Deiner Ehrlichkeit, den offen liegenden Ängsten und Spannungen?

Holen wir uns deshalb heute ein wenig Erleichterung in der Natur, die uns wie immer liebevoll zu unterstützen weiß. Warst Du in den vergangenen Tagen auf der Suche nach „heilenden" Steinen? Dann hast Du bestimmt gespürt, wie beruhigend ihre beständige, erdgebundene Energie auf Dich einzuwirken vermag.

Falls Du Dir einen Onyx besorgen konntest, nimm ihn jetzt zur Hand und spüre seine heilsame Schwingung! (Falls nicht, kannst Du ihn auf Bildtafel S. 13 betrachten. Danach schließt Du einfach die Augen und stellst Dir vor, diesen matt schimmernden schwarzen Stein in Händen zu halten.)

Nimm die harmonisierende, kräftigende Energie ganz in Dich auf, lass alle Deine Zellen und jede Nervenfaser durchtränkt werden!

Bitte notiere in Deinem Lernheft:
Innen und Außen verbinden sich zu einer harmonischen Ganzheit.
Ich erfahre Widerstandskraft, Stabilität und Freude am Leben.

Viel Glück für diesen schönen Tag!

12. Januar

Gemeinsam haben wir erfahren, wie eng in der aktuellen Medizin-rad-Position das Erleben äußerer Fülle und das Gefühl von Mangel zu-sammen mit den daraus entstehende Verlustängste beieinanderliegen.

Die Schneegans zeigt uns wieder mal die Lösung. Sie verlässt als einziges Medizinradtier ihr Heim, praktisch ihr ganzes Besitztum, wohl wissend, dass sie in der neuen Heimat genauso gut versorgt sein wird.
Bei den Indianern galt immer der als der Reichste, der am meisten zu VERSCHENKEN hatte.

Heute wollen wir uns vom Bergkristall zeigen lassen, wie man die Könnerschaft im Loslassen erwerben kann. Nimm Deinen Bergkristall zur Hand! Lass Dich von seiner Reinheit und Klarheit durchdringen! Fühle, wie er Dich von allen schädlichen Einflüssen reinigt und Dich mit Licht erfüllt!

Schreibe in Deinem Lernheft zur Erinnerung folgenden Satz auf:

Ich bin aufrichtig dazu bereit, alte Blockaden loszulassen.
Ich bin erfüllt von Licht, Liebe und Klarheit.
Ich erkenne eine wunderbare Ordnung
in allem, was mich umgibt,
und in mir selbst.

Ich wünsche Dir einen Tag voll Erkenntnis und Ehrlichkeit!

13. Januar

Nachdem uns nun der Zusammenhang zwischen Reichtum und Bedürfnislosigkeit klar geworden ist, dürfen wir mit voller Kraft in den Reinigungsprozess starten.

Übrigens wird uns dies auf dem Weg rund um das Medizinrad immer begleiten, weil uns jedes auftauchende Problem, - besser gesagt, die Suche nach einer Lösung (!) - unweigerlich auf den ersten Schritt zurückführt, nämlich auf die Frage: *Habe ich alles losgelassen, was mich in den alten Strukturen festhält???*

Lass uns heute mit der körperlichen Reinigung beginnen! Die äußere Reinigung ist uns bestimmt längst zum Ritual geworden: Zähneputzen, Waschen, Duschen.

Versuche Dir heute bei jedem „Waschgang" bewusst zu machen, wie Du auch innerlich Altes und Unnützes loslassen darfst!

Wenn Du Dir nach dem ersten Zähneputzen (vor dem Frühstück!) auch noch mit einem Holzspatel oder einem Löffelstiel behutsam die Zunge abschabst und reinigst, wirst Du ein besonders angenehmes Gefühl von „Sauberkeit" spüren!

Mache Dir tagsüber auch schon mal Gedanken, auf welche Weise Du Deinen Körper von innen reinigen könntest! Kennst Du Möglichkeiten der Entgiftung, Entsäuerung und Entschlackung? Wer könnte Dich dabei beraten?

Genieße das Gefühl der Frische nach dem Reinigungsprozess und in der schönen kalten Winterluft!

14. Januar

Damit uns die völlige Reinigung des Körpers, das sog. Entgiften zur lieben Gewohnheit werden kann, brauchen wir manchmal ein paar Tricks, um dem „inneren Schweinehund" ein Schnippchen zu schlagen. Denn natürlich finden wir täglich tausend Gründe, warum wir heute nicht beginnen oder weitermachen können!

Mir helfen in diesem Falle die Bachblüten am besten und schnellsten. Um den Gesundwerdungs- und Gesunderhaltungsprozess zu unterstützen, passt in der Schneegans-Position besonders gut die Weiße Eiche. Da bei uns die Stiel-Eiche bekannter ist (= Bachblüte Oak), liegt sie unserem Verständnis und Empfinden näher. Wahrscheinlich wächst eine Eiche sogar vor Deiner Haustüre oder auf Deinem Weg zur Arbeit.

Bitte notiere die zugehörige Information in Deinem Lernheft:
Im Einklang mit der Natur beende ich
den Kampf gegen mich selbst,
gebe mich dem natürlichen Fluss des Lebens hin
und lerne mit meinen Kräften haushalten.

Vielleicht möchtest Du ja auch eine Wasserübertragung ausprobieren. Schreibe den obigen Satz auf einen Zettel in der Farbe Deiner Wahl! Halte den Zettel in der linken Hand, ein Glas reines Wasser (ohne Kohlensäure!) in der rechten Hand! Während Du aufmerksam das Geschriebene liest und betrachtest, stell Dir vor, wie diese Information durch Deinen linken Arm, Deinen Kopf und Körper, dann durch den rechten Arm direkt in das Wasser fließt! Das dauert 1 – 3 Minuten. Jetzt kannst Du das „informierte" Wasser schluckweise trinken. Diese Übung machst Du bis zu dreimal täglich.

Beobachte genau: Sollten Dir die Sätze irgendwie unangenehm sein, Dir gar „verlogen" vorkommen, oder wenn sich körperliche Beschwerden verschlimmern, ist der Satz vielleicht für Dich so belastet, dass Du ein Umkehrzeichen benötigst. Dann frage bitte einen Körbler-

Therapeuten oder nimm telefonisch mit mir Kontakt auf! Bei den Literaturangaben findest Du interessante Hinweise zum Thema „Heilen mit Schwingungen und Symbolen".

Gutes Gelingen bis morgen!

15. Januar

Hast Du mit Deiner inneren Reinigung begonnen? Wenn Du noch weitere Anregungen brauchst, findest Du vielleicht in der Rubrik "Kräuter und Gewürze" hilfreiche Anstöße, wie man bei der „Entgiftung" sehr einfach, natürlich, effektiv und ganz individuell vorgehen kann. Ich freue mich natürlich auch über Deine Fragen am Telefon!

Heute unterstützen wir die körperliche Reinigung, indem wir in unserem äußeren Umfeld Ordnung herstellen: „Wie außen so innen!!!!"
Überlege kurz, wo Du Deine Großreinemachaktion beginnen möchtest: *Auf Deinem Schreibtisch? Im Kleiderschrank? Bei Deinen Küchenvorräten? In einer bestimmten Schublade?*

Auch dies ist ein Auftrag für längere Zeit, und ein besonders wichtiger!!!
Reserviere täglich oder wenigstens alle zwei Tage 5 bis 10 Minuten, in denen Du genießen kannst, wie rund um Dich herum Ordnung entsteht!

Mein Vorschlag: Setze Dir immer nur eine kleine, überschaubare Aufgabe pro Tag! Sortiere in drei Gruppen:
A) Das brauche ich noch
B) Zu verkaufen oder zu verschenken
C) Unnötiger Ballast, weg damit!!!

Ich wünsche Dir heute das berauschende Gefühl von FREIHEIT !!!

16. Januar

Hast Du inzwischen mit der Körperentgiftung begonnen, vielleicht einen auf Dich abgestimmten Kräutertee getrunken oder am Morgen die Zunge gereinigt?

Hast Du gestern die erste Schublade ausgemistet oder Deinen Schreibtisch in Ordnung gebracht? Dann kennst Du ja bereits das herrliche Gefühl, sich von etwas Altem, Unnützen zu verabschieden.

Vielleicht ging es Dir aber auch wie beim ersten Weckerläuten. Man hört das Geräusch, steht jedoch nicht auf, lässt es immer lauter klingeln oder schaltet ganz ab, bis einen das Telefon oder die Sonne aufweckt.

Das ist gut verständlich! Trotzdem gib Dir bitte heute die Chance, im Schutz der drei großen Erdsymbole Büffel, Schildkröte und Schneegans einen Reinigungsvorgang ganz bewusst zu vollziehen, und sei es nur das Abspülen der Teller, das Waschen der Hände, das Ausleeren Deines Papierkorbes!

In der Dankbarkeit des Besitzenden, im Bewusstsein großer, Dich tragender Fülle lass wenigstens einen Ballast los, und spüre, wie Du dadurch noch reicher wirst!

Als Unterstützung notiere Dir in Deinem Lernheft die Information der Weißtanne:

Mit all meinen Sinnen erfahre ich mich
als Teil der mich umgebenden Natur.
Ich sammle meine Kräfte und lerne,
mich auf das Wesentliche zu konzentrieren.
Dadurch erlebe ich Klarheit und Frieden.

Erlebe bis morgen das erleichternde Gefühl des Loslassens!

17. Januar

Da wir gerade beim Aufräumen und Loslassen sind, sollten wir uns heute dem dritten großen Bereich widmen, der unser Gespür für Reichtum, Fülle und Ordnung zwar unterschwellig, aber wohl am meisten beeinflusst: unsere Herkunftsfamilie!

Eltern, Geschwister, oft auch die Großeltern setzen den ersten Grundstock für unser weiteres Leben. Solange wir dieses ursprüngliche System anzweifeln, als unerfreulich, „unordentlich", sogar als verRÜCKT wahrnehmen, solange wir uns weigern, wirklich und wahrhaftig und mit allen Sinnen freiwillig Teil dieses Systems zu sein, solange wird uns äußere Ordnung und ein Leben in unbeschwerter Fülle nicht gelingen.

Bitte schließe die Augen und male Dir ein inneres Bild Deiner Familie:
Wo stehen Vater, Mutter? Wo stehst Du? Wo sind Deine Geschwister?
Empfindest Du Harmonie, Ordnung, Gelöstheit?
Nimmst Du den RICHTIGEN, Dir gebührenden Platz ein?
Gibt es dunkle Stellen in diesem Bild, Bereiche, wo es Zeit ist für Vergebung und Versöhnung?

Benötigst Du vielleicht Begleitung, um mit diesem Bild ins REINE zu kommen?
Falls ja, setze diese Aufgabe auf Deine Vorsatzliste für die nächsten Tage und Monate!

Einen aufschlussreichen, versöhnlichen Tag bis morgen!

18. Januar

Falls die gestrige Aufgabe schwer war, wirst Du Dich über den heutigen Satz besonders freuen.
Für jeden von uns ist es eine GUTE Erfahrung, dass die Pflanzen, die uns umgeben, oft nicht bloß für unseren Körper heilsam wirken, sondern auch wichtige, liebevolle Botschaften mitzuteilen haben.

Erinnere Dich an einen der hübschen, weiß blühenden Schwarzdornsträucher im Frühling, an ihre blauschwarzen Früchte (=Schlehen) im Herbst!
Vielleicht hast Du schon selber mal diesen entzündungshemmenden und Magen-Darm-entkrampfenden Blütentee genossen oder ein Gläschen Schlehdorn-Schnaps ausprobiert.

Notiere als Seelen-Information in Deinem Lernheft:

Ich kann wieder auf das Gute im Menschen vertrauen
und entwickle Gefühle von Frieden und Zärtlichkeit.
Ich habe den Mut, sinnlose Kämpfe aufzugeben
und weiß um die tiefen Zusammenhänge
des vergangenen und zukünftigen Geschehens.

Übrigens weiterhin viel SPASS beim „Entgiften" und Ordnung schaffen!!!

Einen friedvollen Tag bis morgen!

19. Januar

Heute sind wir am letzten Tag der Schneegans-Position angekommen. Ist die Zeit nicht wirklich schnell vorbeigegangen, trotz des Schildkrötentempos?

Je mehr wir üben, im gegenwärtigen Augenblick zu leben, umso weniger Langeweile scheint zu entstehen! Aber um das zu lernen, haben wir noch viel, viel Zeit!

Genieße die innewohnende Langsamkeit der Reinigungsprozesse zur Abwechslung mal beim Schuhe putzen, beim Fingernägel schneiden, beim Kartoffeln schälen!

Du siehst, Loslassen und Ordnung schaffen sind ein allumfassendes, immer wiederkehrendes Thema. Welch ein Glück für uns! Welch weites Übungsfeld!

Der Wacholderstrauch, dessen Beeren wir in der Küche so häufig (und ab heute bitte auch mit dem Wissen um die heilende Seelenbotschaft) verwenden, fasst alles Gelernte kurz und bündig zusammen.

Bitte notiere mit Deinem Lieblingsstift im Lernheft:

Ich verabschiede mich von schädlichen Gedankenmustern
und öffne mich für das Wissen meiner Ahnen.
Respektvoll überlasse ich mich den Kräften der Natur
und nehme hier auf der Erde
meinen festen Platz ein.

Alles Liebe bis morgen! Auf ein Neues!!!

Mond der Rast und Reinigung

Otter

Sensitive Wahrnehmung

Neugier Erfindungsgabe Verspieltheit

Du lehrst mich dienen

Sanft

Die Lernthemen

Der Winter ist die Zeit der Wahrnehmung.
Öffne Deine Sinne für die kleinen Veränderungen!

Der Winter ist die Zeit der Erleichterung.
Genieße es, beschwerende Gedankenmuster loszulassen!

Der Winter ist die Zeit der Umwandlung.
Werde Herr über Deine eigenen Gedanken!

Der Winter ist die Zeit des Austausches.
Lerne, jeden Gedanken bewusst und dankbar
als ein hilfreiches Geschenk wahrzunehmen!

Otter	Zitterpappel = Aspen	Johanniskraut
Lärche = Larch	Holunder	Kiefer = Pine
Mistel	Azurit	Malachit
Azurit – Malachit	Rubin	Saphir

20. Januar

Herzlich willkommen im Mond der Rast und Reinigung, besonders wenn Du in diesem Zeichen geboren bist!

Da wir uns bereits seit vier Wochen in einer Reinigungsphase befinden, wird der Übergang Dich im Moment nicht allzu sehr durcheinander rütteln.

Hast Du in den letzten Tagen beobachten dürfen, dass so schlichte Übungen wie das Ausleeren eines Papierkorbes tatsächlich etwas bewirken?

Genauso unbedeutend war der Schritt von gestern auf heute, nicht wahr?

Und doch werden wir eine tiefgreifende Veränderung zu spüren bekommen. Wir brauchen uns nur auf die neue Energie bereitwillig einzulassen.

Schau bitte heute und morgen zu Beginn der Morgen- und Abenddämmerung auf die Uhr! Welch ein zeitlicher Unterschied zeichnet sich ab, wenn Du bloß bis Weihnachten zurückblickst!

Und nun betrachte die winzige Verschiebung in Deinem Inneren, nachdem Du Deine heutige Reinigungsübung absolviert hast! Wie fühlt sich der Anblick der geordneten Schublade, des gespülten Glases, die Sauberkeit Deiner gewaschenen Hände an, jetzt, in diesem Moment?

Nimm diese kleine Freude zum Anlass, in Deinem Lernheft einzuplanen, welche Loslassübung Du Dir für morgen vornehmen magst!

Ich wünsche Dir einen gelungenen Einfall!

21. Januar

Um all die kleinen Veränderungen außerhalb von uns und tief in uns drinnen zu sehen, zu spüren, braucht es einen wachen Geist und ein starkes Gegenwartsbewusstsein.

Darum begegnet uns in der jetzt aktuellen Medizinradposition das Symbol des Schmetterlings, eine Leichtigkeit, die nur mit höchster Konzentration zu bändigen ist! Welch eine Erweiterung der Möglichkeiten gegenüber der Schildkröte!

Beobachte, was für Gedanken Dir im Kopf herumgehen, während Du den Kleiderschrank räumst, den Kräutertee schlürfst oder die Bleistifte spitzt!

Bitte zeichne in Deinem Lernheft für die seit Ende Dezember vorherrschende Schildkrötenenergie ein Viereck, für die neu hinzugekommene Schmetterlingsenergie kleine, luftige, bunte Kreise!

Viel Spaß bei dieser Übung!

22. Januar

Betrachte die bunten Kreise, die Du gestern gemalt hast! Sehen sie nicht aus wie niedliche, duftige Seifenblasen?

Erinnere Dich an die Zeit, als Du ein Kind warst! Schließe, wenn Du magst, dabei die Augen! Spiele Dein Seifenblasenspiel, bestaune die luftigen Gebilde, spring ihnen nach und versuche sie zu fangen! Und wenn Du endlich die größte gefangen hast und in der Hand halten willst, zergeht sie zu Schaum. Aber da ist kein Bedauern, es gibt noch so viele, immer neue farbige Kugeln. Das Spiel geht weiter, solange Du magst.

Wenn Du Dich ganz gesättigt fühlst von all den bunten, schillernden Farben, nimm Dir bitte die Zeit und Deine Farbstifte, um in Deinem Lernheft einen wunderschönen, bunten Schmetterling zu malen!

Genieße Deine Kreativität!

23. Januar

Sicher ist Dein Bild wunderschön geworden!

Um ein bisschen zur Ruhe zu kommen nach dem atemlosen Spiel von gestern und dem ganzen Farbenrausch, wollen wir dem gaukelnden Schmetterling etwas Standfestigkeit geben.

Da wir uns auf dem Weg um das Medizinrad mitten im Winterquartal befinden, stehen wir noch immer voll unter dem Schutz von Waboose, der weißen Büffelfrau. Hier ist also ganz viel Kraft und Wärme, ganz viel an Geborgenheit und Gehalten werden.

Büffel: Public Domain

In keiner anderen Position findet unser unruhiger Geist besser die Möglichkeit, innezuhalten und den gegenwärtigen Augenblick zu genießen.

Male bitte heute Deinem Schmetterling im Lernheft eine wunderschöne Wiese und eine spezielle Blume, auf der er sich niederlassen und ausruhen kann!
Erfreue Dich an dieser Übung zusammen mit Deinem „inneren Kind"!

Ich wünsche Dir einen ruhigen friedvollen Tag!

24. Januar

Wie schön Du Dein Bild gestaltet hast!

Solltest Du bisher keine Zeit dazu gefunden haben oder hattest Du einfach keine Lust, dann nimm bitte jetzt die Buntstifte und male den Schmetterling auf der Blumenwiese! Da wir im Winter, wo der irdische, physische Bereich im Vordergrund steht, am besten durch das Spüren und Zugreifen lernen, ist die tätige Zuhilfenahme der bunten Stifte eine wichtige Voraussetzung für viele folgende Übungen!

Heute werden wir dieses selbstgemalte, persönliche Bild tief in uns verankern, um es bei Bedarf jederzeit abrufen zu können.

Setze Dich bequem hin und betrachte genüsslich das bunte Bild, das Du kreiert hast, den hübschen Schmetterling, die saftige Wiese, die blühenden Blumen!

Schließe jetzt bitte die Augen und werde Teil Deines Bildes! Du siehst den Schmetterling, seine Farben und Muster, Du spürst den Hauch seines zarten Flügelschlages, Du hörst das Summen der Bienen, Du riechst den Duft der Blumen, ja Du schmeckst sogar den Nektar, wenn Dein Schmetterling sich lustvoll niederlässt, um zu naschen.

Sobald Du das ganze Bild tief in Dich aufgenommen und die Atmosphäre regelrecht getrunken hast, öffne Deine Hände, um all diese Eindrücke zu empfangen und zu bewahren! Dein „inneres Kind" könnte schreien vor Glück und Vergnügen. Höre seinen Jauchzer: JA!, oder JU-HU!, oder JETZT! Rufe dieses Wort zusammen mit Deinem inneren Kind, so laut Du magst und kannst, springe dabei vom Stuhl auf und lege mit einer sehr kräftigen Bewegung Deine beiden „gefüllten" Hände am Körper ab, z. B. auf dem Bauch, oder auf den Oberschenkeln, oder auf den Knien, oder an der Stirne! Es fühlt sich einfach gut und richtig für Dich an.

Von heute an wirst Du immer, wenn Du Dein gewähltes Wort (Juhu!, Jetzt! ...) aussprichst oder denkst und dabei den ausgesuchten Körperteil berührst, innerlich das Bild abrufen können, wie Dein Schmetterling auf Deiner Blume sitzt, und Du wirst dabei die Freude dieses jetzigen Augenblickes erleben.

Ich wünsche Dir gutes Gelingen und ganz viel Spaß dabei!

25. Januar

Ich hoffe, Du hast Dich mit der gestrigen Übung so richtig GUT gefühlt!

Der Schmetterling ist das Symbol für Deine Gedanken, die flatternd umherirren und Dich quasi ununterbrochen dazu verführen, die Gegenwart zu „vergessen".

Dabei ist es allein die Gegenwart, wo wir ganz bei uns sein können und unserem innersten Kern begegnen.

Wir wollen also lernen, diesen einen heiligen Moment der Gegenwart zu erkennen und auszukosten, „den Schmetterling auf der Blüte Platz nehmen zu lassen".

Rufe bitte zur Einstimmung den gestern gesetzten Anker ab, schließe dann die Augen und betrachte das Bild, das vor Deinem inneren Auge entsteht!

Stelle Dir vor, Du bist wieder das kleine Kind, das Du vor vielen Jahren warst! Begebe Dich an den Ort Deiner Kindheit, an dem Du Dich glücklich gefühlt hast, wenn Du ganz alleine warst: *Auf einem Baum? Am Fenster im Wohnzimmer? Auf der Wiese? Im Schwimmbecken?*

Erlebe, erfühle, rieche, schmecke, höre nun mit allen Sinnen Deinen Körper und Deine unmittelbare Umgebung! Wie wach Deine Sinne sind, wie intensiv die Farben, Formen, Töne, Gerüche!!!

Sobald Du wieder zurückkommst in Deine jetzige Gegenwart, spüre bitte noch einen Moment nach!

Auch JETZT kannst Du so intensiv wahrnehmen. Und Dein Geist ist RUHIG !!!

Wenn Du heute Zeit für einen Spaziergang hast, betrachte bitte die Bäume, die Dir begegnen! Genieße die Ruhe, die sie ausstrahlen!

Ich wünsche Dir einen frohen, ruhigen Tag!

26. Januar

Bist Du gestern Deinen Freunden, den Bäumen, begegnet und hast die Ruhe wahrgenommen, die sie ausstrahlen? Umarme einen Baum und Du spürst, wie es sich ANFÜHLT, in der Gegenwart zu sein!

In der jetzigen Medizinradphase ist es besonders hilfreich, unseren Gedanken „Futter" zu geben, um sie zu bündeln, bevor sie wieder abdriften und uns vom wahren Dasein ablenken.

Notiere deshalb bitte heute in Deinem Lernheft die Information der Zitterpappel (Du weißt schon, der Baum, an dem alle Blättchen beim leisesten Windhauch zittern, als ob tausend kleine Glöckchen läuten!) und erinnere Dich an diesen Text, wenn Du vielleicht den Tee von Zitterpappel-Blättern genießen oder die Bach-Blüten-Essenz Aspen einnehmen möchtest:

Ich entwickle erhöhte Wahrnehmungsfähigkeit und Intuition,
überwinde meine Ängste
und gewinne Vertrauen in das Leben und in Gott.
Sanft und aufrichtig lerne ich
der Erde und ihren Kindern zu dienen.

Bis morgen! Ich wünsche Dir wache, offene Sinne!

27. Januar

Sicher kannst Du, wenn Du an die vielen klingenden Blättchen der Zitterpappel denkst, die Fülle an Gedankenreichtum regelrecht spüren, die unser Gehirn tagsüber (und leider manchmal sogar nachts!) bevölkert!

Mach bitte heute eine kleine Zählübung! Am besten stellst Du Dir den Wecker auf 5 Minuten. Nun schließe die Augen und beschließe, an nichts zu denken! Wenn die Zeit um ist, versuche zu sammeln, wie viele Gedanken sich trotz Deiner guten Vorsätze eingeschlichen haben!

Du kannst die Übung gerne noch ein, zwei Mal wiederholen, z. B. beim Spazieren gehen. Solltest Du nicht auf die Zahl Null kommen (was ich stark annehme !!!), bleibt Dir schon mal ein kleiner Trost bis morgen: Es meldet sich immer nur ein Gedanke nach dem anderen!

Liebe Grüße an Dein fleißiges Gehirn!

28. Januar

Wie hat es gestern geklappt?

Wahrscheinlich hielt sich Deine Freude in Grenzen, als Du die Vielzahl an Gedanken bemerken durftest, die Dir ständig durch den Kopf schwirren.

Hast Du beobachten können, dass tatsächlich immer nur ein Gedanke auftaucht? Allerdings vollzieht sich der Wechsel zur nächsten Idee so rasch, dass wir den Übergang kaum registrieren.

Hier etwas mehr Ordnung zu schaffen, ist vielleicht auch hilfreich, falls Du an Schlafstörungen leidest.

Ein wirksames Mittel kennst Du ja bereits: das Bild des Schmetterlings, der sich auf der Blüte ausruht. Diesen Anker solltest Du in unruhigen Zeiten öfter mal abrufen!

Heute nehmen wir uns das Bild des Otters zu Hilfe, nach dem die gegenwärtige Medizinrad-Position benannt ist. Der Otter hat ein sehr lebhaftes, neugieriges Wesen. Betrachte ihn auf einem Bild oder erinnere Dich, wie Du ihm bei einem Zoobesuch begegnen durftest!
Die Otter sind sehr verspielte Tiere. Sie rutschen die Flussböschungen hinunter, wobei sie aus Schlamm oder im Winter aus Schnee regelrechte „Rutschbahnen" bauen.

Beobachte, wenn möglich, Kinder beim Rutschen auf dem Spielplatz! Versetze Dich in die Zeit zurück, als Du selber an einer Rutsche angestanden hast, spüre noch einmal die freudige Erwartung, den langsamen Aufstieg, weil vor Dir so viele andere dran sind, den Moment, oben zu stehen, sich genüsslich in Position zu werfen, und dann das sinnliche Gefühl des Herabsausens, zum Schluss das Ausgleiten, manchmal auch den heftigen Aufprall, wenn Du unten angekommen bist!

Wenn Dich die nächste Gedankenflut überwältigen möchte, setze Dein inneres Lächeln auf und schicke eine Idee nach der anderen auf die „Gedankenrutsche"!

Einen fröhlichen, vergnügten Tag bis morgen!

29. Januar

Hattest Du gestern ein bisschen Spaß bei Deiner Übung? Gut so, denn ohne einen Zustand der Entspanntheit werden wir mit unseren Gedanken kein „friedliches" Abkommen schließen können!

Wenn Du es erst einmal gewohnt bist, zu erkennen, wie die Gedanken hintereinandergeschaltet sind, gelingt es Dir leichter, einen angenehmen, hilfreichen von einem Dich beschwerenden Gedanken zu unterscheiden.
Dann kannst Du blitzschnell reagieren, freundlich, aber bestimmt.
Die Technik kennst Du bereits von den Aufräumübungen, mit denen Du in der Schneegans-Position begonnen hast: *Brauche ich das, tut mir das gut? Oder behindert mich diese Art zu denken?*

Letztendlich lassen sich alle unsere Gedanken auf irgendwelche Gefühle zurückführen, die tief in uns präsent, aber nicht bewusst sind. Wenn Du bereit bist, einen unangenehmen Gedanken loszulassen, verabschiedest Du gleichzeitig das damit gekoppelte Gefühl. Welch eine Erleichterung!!!

Um diese Erfahrung von Ausgeglichenheit und geistigem Frieden zu verstärken und langfristig zu festigen, kannst Du unterstützend einen silbernen Gegenstand benützen. Vielleicht besitzt Du ein Schmuckstück oder hast beim Aufräumen ein liebes Erinnerungsstück gefunden?
Auch das Fell des Otters ist durchzogen von silberfarbenen Haaren!

Genieße das Erlebnis entspannter, friedvoller Augenblicke!

30. Januar

Hast Du etwas Silbernes finden können, das Dich die nächsten Tage begleitet?

Vielleicht nimmst Du Dir im Lauf der kommenden Woche Zeit, im Heilsteinladen oder bei Freunden nach einem Azurit und nach einem Malachit Ausschau zu halten (ideal wäre der kombinierte Stein Azurit-Malachit, ist aber eher selten zu bekommen).

Bitte führe auch Deine Naturbeobachtungen wieder konsequent durch! Du weißt schon, tägliche Einstimmung auf alle Wettererscheinungen wie Temperatur, Windbewegung, Niederschläge, Sonnenscheindauer, Helligkeit ... Erfreue Dich an den aufmunternden Veränderungen, wenn es heller und wärmer wird, stellenweise das Eis schmilzt und Du wieder leichter und gefahrloser Deine Wege hinter Dich bringen kannst!

So ganz nebenbei achte auf Deine Stimmungen und Gedanken! Registriere den Umschwung von Gelassenheit und Fröhlichkeit zu Verstimmung, Ärger und Niedergeschlagenheit! Meist sind es nur wenige, immer wiederkehrende Gedanken, die Dir den Tag „vermiesen". Wenn Du diese einmal erkannt und benannt hast, bist Du besser gewappnet und kannst Deinen inneren Stop dagegen einlegen, z. B. indem Du Deinen Anker abrufst (der Schmetterling auf der Blume!), oder indem Du Dich zusammen mit den verspielten Ottern auf der Gedankenrutsche tummelst, oder indem Du Deinen silbernen Gegenstand liebevoll berührst und betrachtest.

Bitte notiere bis morgen im Lernheft, welche(n) Gedanken Du gerne loslassen möchtest!

Ich wünsche Dir einen frohen, angenehmen Tag!

31. Januar

Konntest Du bereits herausfinden, welche Gedanken Dir am meisten das Leben schwer machen?

Je mehr wir auf unsere Umwelt reagieren, was ja im positiven Sinne bedeutet, dass wir zurzeit besonders aufnahmefähig und offen für alles sind, desto leichter halten auch Ängste und Missempfindungen bei uns Einzug.

Deshalb ist in der Otter-Position das Johanniskraut ein wichtiger, hilfreicher Begleiter. Egal ob Du die kalifornische Essenz „Saint John's Wort" gerade benötigst und einnehmen möchtest, ob Du Dich mit Johanniskrautöl behandelst, ob Du ein Medikament auf Johanniskrautbasis verwendest oder ob Du einfach die Blüten schön findest und gerne betrachtest (besonders wenn sie in Deinem eigenen Garten wachsen!), die Information wird tief in Dir Fuß fassen und Dir GUT tun!

Bitte notiere in Deinem Lernheft:

Ich lasse alle meine Ängste und Empfindlichkeiten hinter mir.
Endlich darf ich mich sicher und geborgen fühlen.
Mein sensibles, sanftes Wesen hilft mir,
mich dem Leben neugierig
und kindlich verspielt anzuvertrauen.
Gerne diene ich dem Großen Ganzen.

Alles Liebe bis morgen! Sei gut behütet!

1.Februar

Merkst Du, welche Erleichterung es Dir verschafft, Deine Gedanken ein bisschen mehr in Schach zu halten?

Je mehr Raum Du den frohen, hilfreichen Gedanken verschaffst, umso weniger Platz bleibt für die anderen! Umgib Dich mit so vielen aufbauenden Informationen wie möglich! Nimm sie mitten hinein in Deinen Alltag!

Jede Pflanze, die Dir begegnet, draußen in der Natur, aber natürlich auch am Fensterbrett, und ganz besonders das Obst, das Gemüse und die natürlichen Gewürze, die Du zu Dir nimmst, auch viele Aroma - Öle, die Dich erfreuen und alle die Heilsteine, die Du liebst, enthalten wichtige, heilende Botschaften für Dich. Nicht alle wirst Du in Büchern finden, aber oft wird Deine Neugierde gestillt werden können, wenn Du Dich ernsthaft auf die Suche begibst.

Übe heute, eine dieser Botschaften selber zu entziffern, indem Du Dich mit einer ausgewählten Pflanze ganz intensiv beschäftigst! Lasse sie heute zu Deinem wichtigsten Freund werden, bitte sie ganz tief hinein in Dein Herz und höre ihr zu, bewundere ihre Farbe, ihre wunderschöne vollkommene Form, rieche und wenn möglich schmecke sie! Lasse sie Teil von Dir werden!

Zum Schluss male ein liebevolles Bild dieser Pflanze in Dein Lernheft!

Erfreue Dich heute an Deinen kreativen Fähigkeiten!

2. Februar

Wie gerne würde ich Dein Bild bewundern und an Deinen gestrigen Einfällen und Erkenntnissen teilhaben!

Letztendlich sind alle Informationen über Blütenessenzen und Heilsteine durch gründliche Beobachtung und intuitives Einfühlen gefunden worden. Kaum eine andere Position im Medizinrad lässt uns so offen und empfänglich sein wie dieser Mond der Rast und Reinigung. Nütze Deine kreativen Impulse und Einfälle! Lasse Dich von der Natur inspirieren!

Jetzt, wo draußen noch alles in sich zurückgezogen scheint, wo die Erde noch weitgehend gefroren ist und die Tiere im Winterschlaf verharren, regt sich in uns Menschen eine unbändige Kraft der inneren Erneuerung, die natürlich nach außen drängt und sichtbar werden will.

Nimm Dir heute ein wenig Zeit, um nachzuspüren:

Habe ich mich bereits genügend gereinigt?
Habe ich Raum und Ordnung geschaffen für das Neue, das hervorbrechen möchte?
Bin ich bereit für eine echte Umwandlung?

Notiere in Deinem Lernheft: *Ich mache mich bereit für ......*

Schöne fantasievolle Gedanken bis morgen!

3. Februar

Bist Du gestern Deinen Träumen und Visionen begegnet, einer Welt, so wie Du sie gerne hättest?

Wenn wir uns Zeit nehmen, genau auf unsere Erfahrungen zu achten, so wie wir das im vergangenen Herbst geübt haben, erkennen wir einen direkten Zusammenhang zwischen unserer Art zu denken und dem, was uns im Außen begegnet.

Beobachte heute einmal sehr genau, welche Gedanken Dich daran hindern, Deine Visionen zu leben:
Ich kann das sowieso nicht!
ODER
Dazu fehlt mir die Kraft, die Ausbildung, die Intelligenz, das Geld, der richtige Partner, die Zeit ......
ODER
Es ist hoffnungslos!
ODER
Dafür ist es jetzt zu spät!
ODER ODER ODER

Bestimmt entdeckst Du im Laufe des heutigen Tages solch einen immer wiederkehrenden Gedanken, der sich regelrecht in Deinem Hirn festgefressen hat, sodass er Dir unter normalen Umständen nicht bewusst wird.

Aber HEUTE hast Du ihn erwischt! Halte ihn in Deinem Lernheft fest, damit er sich nie mehr heimlich einschleichen kann! „Feind erkannt – Gefahr gebannt"

Ich wünsche Dir Mut und Spürsinn auf Deiner geistigen Forschungsreise!

4. Februar

Hast Du gemerkt, wie oft sich diese „Denk-Behinderung" heimlich in Deinem Hirn einnistet und Dir unnötig das Leben schwer macht?

Erinnere Dich doch noch einmal an das herrliche, freie Gefühl auf der Rutsche, beim Seifenblasen machen! Geh in Erinnerung zurück, wo Du ganz unbeschwingt Kind sein durftest, wo noch alle Möglichkeiten offen vor Dir lagen! Bitte rufe wieder einmal Deinen Anker ab, lass Dein Juhu!!!! durchs Zimmer schallen und beklatsche das Wunder des farbenprächtigen Schmetterlings auf Deiner „inneren Blüte" (Dein Bild vom 24. Januar)!

Genau so wird sie sich anfühlen, die neue Art zu denken!

Dass so ein „alter", verbrauchter Gedanke immer mal wieder auftaucht, können wir nicht verhindern. Aber wir dürfen ihn freundlich verabschieden: „Auf die Gedankenrutsche und weg mit Dir!", und eine oder mehrere neue liebevolle Ideen dagegensetzen.

Beginne im Lernheft mit folgender kleiner Auswahl und ergänze nach Deinem Belieben:

Ich kann das!
Das macht mir jetzt echt Freude!
Es ist eigentlich viel leichter, als ich gedacht habe!
Irgendetwas Gutes muss dran sein!
Schwamm drüber! Das kenne ich doch von mir selber!
Es wird tatsächlich besser / etwas leichter / schon annehmbarer!
....

Ich wünsche Dir bis morgen Gedanken wie bunte Schmetterlinge!

5. Februar

Sicher hast Du schon einige Formulierungen gefunden, die Dich aufbauen und weiterbringen. Sammle diese wohltuenden Gedanken weiterhin in Deinem Lernheft, aber v.a. DENKE SIE, so oft Du nur kannst!!
Als hilfreiche Unterstützung dabei bietet sich die Bach-Blüte Larch an. Gerade jetzt im Winter sehen die Lärchen besonders hübsch aus mit ihren vielen kleinen Zapfen: Jedes Zäpfchen ein NEUER GUTER Gedanke!
Bitte notiere im Lernheft:
Indem ich mir meiner erhöhten Wahrnehmungsfähigkeit
und meiner vielfältigen Begabungen bewusst werde,
erlange ich Selbstvertrauen
und Durchsetzungskraft.

Alles Liebe bis morgen!

6. Februar

Je mehr Du die neue Art zu denken übst, desto leichter fällt das Ganze. Achte bitte von nun an auch auf die kleinen Feinheiten! Sätze, die Dir wirklich nützen können, enthalten keine Wörter, die Dich unter Druck setzen. Somit sind *„müssen"* und *„sollen"* ab heute gestrichen.
Bitte höre Dir heute im Laufe des Tages sorgfältig zu! Werde zum Gedanken-Detektiv! Notiere es Dir auf einem kleinen Zettel, falls Du Dich wieder einmal beim Müssen und Sollen ertappst!
Abends schreibst Du in Deinem Lernheft eine geschickte Neuformulierung.
Zum Beispiel:
Ich müsste unbedingt noch .... *Besser: Ich entscheide mich, ...*
Immer soll ich als Einziger .... *Besser: Es macht mir Spaß, es zu können*

Einen fröhlichen Tag und viele gute Einfälle!

7. Februar

Heute wollen wir uns wieder mit den schönen Dingen des Lebens befassen. Heilsteine gehören ganz gewiss dazu, nicht nur weil sie die Energien ganzer Zeitalter in sich gespeichert haben und weil sie so herrlich in der Hand liegen, sondern aufgrund ihrer vielseitigen Farben.

Ich hoffe, Du bist im Lauf der Woche, wie geplant, einem Azurit-Malachit begegnet, der uns mit seinen zwei leuchtenden Farben geradezu herausfordert, Stellung zu beziehen.

Beginnen wir heute mit dem Azurit, so tiefblau wie Tinte. Wusstest Du, dass er ein hilfreicher Schutzstein bei Deinen Computerarbeiten ist? Wenn Du ihn zur Verfügung hast, schließe ihn fest in Deine Hand, betrachte ihn und führe nun die Hand zur Stirnmitte auf Dein drittes Auge! Konzentriere Dich mit geschlossenen Augen so lange auf den Azurit, bis Du ganz erfüllt und durchtränkt bist von seinem wundervollen satten Blau!

Zum Schluss notiere in Deinem Lernheft:

Der Azurit löst alle meine inneren Blockaden auf.
Er schenkt meinen Nerven tiefe Ruhe und Entspannung.
Ich vermag mich auf das Wesentliche zu konzentrieren.

Öffne bis Morgen Deine Augen für die Farbe Blau in jeglicher Form!

8. Februar

Es würde mich nicht wundern, wenn Du mithilfe des Azurits eine besonders gute Nacht verbracht hast.

Heute wollen wir uns seinem Gegenspieler, dem Malachit zuwenden.

Bewundere das selten kräftige Grün, das die Natur hier zuwege gebracht hat. Wenn Du Dich wirklich satt gesehen hast, schließe die Augen und lege den Malachit auf Dein Herz, sodass er ganz tief in Dich eindringen kann! Verbinde Dich mit seiner grünen Herzenskraft!

Bitte notiere in Deinem Heft:

Der Malachit schenkt mir
Ausgeglichenheit und Lebensfreude,
Mitgefühl und Verständnis.
Er hilft mir,
krankmachende Lebens- und Ernährungsweisen
zu erkennen und abzustellen.

Ich wünsche Dir bis morgen einen GRÜNEN Tag, besonders auch draußen in der Natur!

9. Februar

Hast Du bemerkt, wie mühelos in der Position des Otters so unterschiedliche Konzepte wie Azurit und Malachit nicht bloß nebeneinanderstehen dürfen, sondern sogar eine innige Verbindung herstellen?

Vor 30 Jahren bin ich auf dem gefrorenen Spitzingsee spazieren gegangen. Die tiefgrünen Tannen vor einem leuchtend blauen Himmel habe ich bis heute nicht vergessen!

Da unser „inneres Kind" Farben geradezu aufsaugt und in Lebensenergie umwandelt, darfst Du heute wieder einmal mit der Chakrenliste (Anhang 1) prüfen, ob Dich zurzeit mehr die vierte Station (für den Malachit) oder die sechste Station (für den Azurit) anspricht. Falls ein Gleichklang entsteht, könntest Du Dir gerne auch beides in Deinem Lernheft notieren.

Bitte entscheide selber, ob sich die Information des kleinen Kindes oder der Engelsschutz hilfreicher für Dich anfühlen!

4. Station: Das Herzchakra

Hier erlebt das Kind die Macht der Liebe und der Vergebung. Es lernt, was Uneigennützigkeit bedeutet. Seine ganze Sehnsucht lautet: *Ich tauche ein in die göttliche Liebe.*

Sanft, zärtlich und heilend begleiten uns hierbei die Erzengel Haniel und Raphael.

6. Station: Das Stirnchakra oder Drittes Auge

Das Kind gelangt zu seiner inneren Wahrheit. Es findet gleichzeitigen Zugang zu intellektuellen Fähigkeiten und zur Inspiration. Hier erkennt es seine eigentliche Berufung.

Sein Bestreben heißt nun: *Ich werde bewusst und lerne Wahrheit von der Illusion zu trennen.*

Der himmlische Helfer auf diesem Weg ist der Erzengel Michael. Er lehrt uns den Glauben und die nötige Demut.

Ich wünsche Dir einen heiteren, verspielten Tag!

10. Februar

Ja, es gibt sie wirklich, diese „grünen" und „blauen" Tage im Februar. Nicht ohne Grund feiern viele Menschen gerade in diesem Monat mit großer Begeisterung Fasching.

Und genauso gibt es sie, die „silbernen" Tage, wenn der Schnee all die bunten Farben wieder zudeckt und sich wie eine schwere Decke über unsere ausgelassene Freude legt.

Bitte vollziehe diesen Farbwechsel vor Deinem Inneren Auge! Oder schneit es sogar direkt vor Deinem Fenster? (Du siehst, die <u>tägliche</u> Wetterbeobachtung hat tatsächlich Einfluss auf Dein Denken und Befinden! Bleib dran!)

Die bewusst erfahrene Veränderung im Außen führt Dich innerlich ein großes Stück weiter!

Wie haben wir es denn als Kinder gemacht, wenn wir dem dumpfen Alltag entfliehen wollten? Wir haben uns verkleidet.
War unser Ziel nicht schon damals, genau wie heute (!!!), eine Vision unseres Selbsts zu leben, vielleicht die Schönste, der Stärkste, die Größte, der Schlaueste, der Mutigste zu sein!

Bitte mach Dir heute die Mühe, nein gönne Dir heute den Spaß, im Lernheft festzuhalten, wie Du Dich als Kind verkleidet hast oder es am liebsten getan hättest!

Nimm den heutigen Tag l e i c h t , komme, was wolle!!

11. Februar

Hast es Dir Vergnügen bereitet, Dich in Gedanken, oder vielleicht sogar wirklich zu verkleiden??

Die Vision, ein/e ganz andere/r zu sein, und das mit möglichst wenig Aufwand, scheint wirklich sehr verführerisch!

Freilich, das Aufwachen „am Tag danach" ist oft schmerzlich! Was können wir tun, um dem seelischen Kater zuvorzukommen?

Bisher haben wir gelernt, unsere Gedanken einfach <u>gegeneinander</u> auszutauschen. Aber das allein genügt nicht.

Wieder einmal ist der Otter gefordert, Rutschen aus Schnee und Schlamm zu bauen, um nicht dem dumpfen Kopfschmerz, dem Rückzug, dem Gefühl der Ohnmacht zu verfallen!

Wenn wir lernen, mit ganz weit geöffneten, liebevollen Sinnen wahrzunehmen, wenn wir intuitiv auf die Welt zugehen, verändert sich gleichsam die Substanz unserer Gedanken.

Betrachten wir den Holunder, der äußerlich angewandt tatsächlich ein gutes Mittel gegen Kopfschmerzen ist! Bitte notiere Dir im Lernheft die neue Sichtweise, die uns der Holunder vermitteln will:

Mein feines Gespür macht mich
neugierig, verspielt und erfindungsreich.
Selbst scheinbar Gegensätzliches fügt sich
zu einer neuen sinnvollen Einheit.
Ich lerne, der guten Sache zu dienen.

Sieh die Welt heute mal aus einem anderen Blickwinkel!

12. Februar

Hast Du zufällig noch ab und zu über Dein „Verkleidungs-Spiel" nachgedacht?

Ich habe bei mir selbst beobachtet, dass es Masken gibt, die ich mir von vorneherein einfach niemals erlaubt hätte.

Erinnere Dich genau (oder beobachte einfach mal, wenn Dir die maskierten Leute begegnen)!
- *Welche Verkleidung käme für Dich auf keinen Fall infrage?*
- *Welche Verkleidung käme nicht infrage, obwohl Du sie insgeheim ganz besonders schön, aufregend, prickelnd findest???*

Mal ganz ehrlich, könnte es sein, dass Dich das Denken der anderen davon abhält?
Gerade in „Schmetterlingszeiten" schlüpfen wir, meist unabsichtlich und auch unbemerkt, in die Köpfe unserer Mitmenschen. Und nur allzu selten malen wir uns dabei gute, aufbauende Gedanken aus!

Höre heute sehr genau hin, was Dir Dein eigener Kopf über die Gedanken der anderen erzählt!
Wie fühlst Du Dich dabei?
Entdeckst Du vielleicht sogar Schuldgefühle, weil Du nicht so .... sein kannst, wie es Dein Gegenüber angeblich von Dir erwartet???

Bitte mache Dir tagsüber einen kleinen Strichzettel, um festzustellen, wie oft Du in die Gedankenfalle tappst, Dich mit dem vermeintlichen Denken der anderen selber fertigzumachen!

Notiere Dir heute Abend im Lernheft, wie Deine häufigste persönliche Falle lautet:
Ich glaube, die anderen denken über mich, dass ....

Mut und Freude für diesen Tag!!

13. Februar

Mal ganz ehrlich, wie oft bist Du gestern wieder einmal Gedanken begegnet, die Dir nicht wirklich GUT tun? Besonders Schuldgefühle können sich so tief in uns einfressen, dass sie krankmachen!

Doch wie sollen wir unserer Denkfalle entkommen, wo doch die Gedanken scheinbar in unserem Hirn ein- und ausspazieren, wie es ihnen beliebt!?

Um wohltuende, hilfreiche Denkweisen anzutrainieren, helfen uns (wie Du bisher hoffentlich schon oft erfahren durftest) unsere GUTEN Freunde.

Hören wir der Kiefer zu, die jetzt im Winter in ihrem vollen grünen Nadelkleid besonders kraftspendend wirkt! Du kannst ihre frischen Knospen zurzeit verwenden, wenn Du „verschnupft" bist, und Dich beim Anheizen am köstlichen Duft ihres Holzes und ihrer Nadeln erfreuen! Auch in der Aromatherapie ist Kiefernöl sehr vielseitig einsetzbar. Im seelischen Bereich kannst Du bei Bedarf auf die Bach-Blüten-Essenz Pine zurückgreifen.

In jedem Fall notiere Dir bitte (auch für künftige „Notfälle", d. h. kräftezehrende Schuldzuschreibungen!) folgende Information in Deinem Lernheft:

Je mehr ich meine innere spirituelle Führung
wahrnehme und ihr vertraue,
desto leichter lerne ich,
Schuld und Fehler richtig einzuschätzen.
Ich fühle mich zufrieden, harmonisch und ausgeglichen.

Ich wünsche Dir einen schönen, befreienden Wintertag!

14. Februar

Fühlt es sich nicht viel leichter an, zu wissen, dass es einem die anderen Menschen gut meinen?

Je mehr wir lernen, unser Denken auf die kleine Minisekunde des gegenwärtigen Augenblickes zu reduzieren, umso unschuldiger und reiner wird unser Bewusstsein, frei von all den vergangenen z.T. schlimmen Erfahrungen, frei auch von Zukunftsangst und Erwartungshaltung!

So fällt es von Tag zu Tag leichter, unsere Mitmenschen mit genau der Freundlichkeit und Fürsorge zu bedenken, die unsere Welt schöner und liebevoller macht, und die in ganz besonderem Maße dem „Otter" entspricht!

Bitte erstelle bis morgen eine Liste aller Leute, mit denen Du „verknüpft" oder verbunden bist!

Mache keinerlei Unterschiede, wie nah oder fern Dir jemand steht, wie angenehm oder unzuträglich er/sie Dir erscheint!

Familie, Nachbarn, Freunde, Feinde, einfach alle auf die Liste, die Dir im Laufe des Tages begegnen oder in den Sinn kommen!

Augen auf! Ich wünsche Dir ein gutes Händchen, um alle aufzuschreiben!

15. Februar

Ist es nicht erstaunlich, mit wie vielen Menschen wir im Laufe des Lebens enge oder lose Verbindungen eingehen? Gedanklich bestehen viele dieser Begegnungen für ein ganzes Leben.

Gerade in der Zeit des Otters magst Du das Zusammensein mit anderen besonders genießen, beim gemeinsamen Feiern, Singen, Beten, Reden. Mache Dir einmal bewusst, welch intensiver Austausch dabei untereinander stattfindet!

Hast Du Dich schon mal über die Zeit-Tauschbörsen in Deiner Nähe informiert oder bist Du sogar Mitglied? Welche Bereicherung für Dein Leben!

Doch auch in Zeiten, wo Du Dich einsam, verstoßen und von aller Welt verlassen fühlst, bestehen die unsichtbaren Bindungen zu Deinen Mitmenschen fort.

Mache Dir diesen Reichtum an Beziehungen bewusst! So wirst Du Dich nie mehr ganz verlassen fühlen.

Freilich macht es einen riesigen Unterschied, welche Art von Gedanken Du Deinen Mitmenschen sendest. Du weißt ja, über DEIN Denken darfst Du in jeder Sekunde SELBST bestimmen.

Wenn es Dir wieder mal nicht leicht fällt, freundliche Gedanken zu „produzieren", kannst Du Dir Hilfe bei der Mistelpflanze holen, die Expertin im lebendigen Austausch zwischen Geben und Nehmen ist:

Sanft und einfühlsam passe ich mich meinen Mitmenschen an,
ohne die eigenen Bedürfnisse aus den Augen zu verlieren.
Das Leben ist ein gemeinsames Spiel.
Wo es nötig ist, lerne ich Widerstand zu leisten
und für mich einzustehen.

Genieße den ehrlichen, gesunden Kontakt zu allen, die Dir heute begegnen!

Vielleicht kannst Du auch wieder einmal im Heilsteinladen vorbeischauen und die Steine Saphir und Rubin betrachten?!

16. Februar

Wenn wir uns erst einmal bewusst machen, dass wir mit allen Menschen dieser Erde verbunden sind, und dass jede dieser Verbindungen wohltuend und heilsam ist, wenn ich mich GANZ darauf einlasse, d. h. ohne Vorbehalt UND voller Selbstliebe (Mistel-Info von gestern!!), sind wir diesen Monat ein riesiges Stück vorangekommen.

Das heißt nicht, dass es LEICHT ist! Aber je mehr Du übst, bei Dir SELBST zu bleiben und Deinen Gedanken ein wenig mehr Aufmerksamkeit schenkst, desto besser gelingt es!

Nütze jedes noch so kleine Angebot des gegenwärtigen Tages, zu Dir SELBST zu finden!
Bevor Du einen Bissen isst, einen Schluck trinkst, höre einen winzigen Moment in Dich hinein! Wie hast Du Dich für dieses Nahrungsmittel entschieden?
- Hast Du es selbst gekauft, vielleicht selbst zubereitet?
- Ist es liebevoll für Dich ausgewählt und vorbereitet worden?
- Ist es ein Verlegenheitsessen, nach dem Du ohne großes Überlegen, vielleicht in Eile gegriffen hast?
- Konntest Du keinen Einfluss nehmen, musstest Du froh sein, irgendetwas zu bekommen?

Einen kleinen Trick, auf jeden Fall Einfluss zu nehmen, beherrschen fast alle Leute, sie würzen nach! Und dies solltest Du von nun an BEWUSST tun!

Beobachte heute Deine bisherigen Gewohnheiten, höre aber auch in Dich hinein! Inspiziere Deinen Küchenschrank! Suche heraus, welche Gewürze Du vorrätig hast! Beim nächsten Einkauf besichtige die riesigen Gewürzregale und wähle BEWUSST zwei, drei Gewürze, die Dir wirklich GUT tun!!!
Vorschlag: Wähle frische Kräuterpflanzen möglichst in Bio-Qualität und achte darauf, ob Dich die Pflanze wirklich anspricht!!!

Getrocknete Gewürze sollten ausgleichen, was der Nahrung an „Information" fehlt. (Vielleicht möchtest Du Dich näher mit der Fünf-Elemente-Lehre der TCM befassen?!) In meiner Küche stehen z. B. Ingwer, Kardamom, Koriander, Muskatnuss, Piment, Sternanis.

Aber wichtig ist, das FÜR DICH RICHTIGE zu finden! Über die Information der Pflanze, aus der DEIN Gewürz hergestellt wurde, erhält auch Dein Kopf das nötige „Futter".

Viel Spaß beim Hinspüren und „genieße" Dein Leben!

17. Februar

Hast Du es wieder mal gemerkt? Natürlich gibt es Gedanken, die sich problemlos austauschen lassen (die Auswahl von Küchengewürzen!) und Gedanken, bei denen es wirklich sehr schwerfällt (Toleranz gegenüber den mir eher unangenehmen Zeitgenossen!).

Aber wir haben in der Position der Rast und Reinigung doch zumindest erleben dürfen, dass es MÖGLICH ist. Und wenn auch nur, weil uns Waboose, die weiße Büffelfrau, so liebevoll dabei begleitet!

Sogar an der Natur können wir den Fortschritt ablesen: Die Tage werden deutlich heller und länger! Du machst doch weiterhin regelmäßig Deine Natur- und Wetterbeobachtungen?!

Genau genommen spiegelt die Natur uns all das, was in uns vorgeht: Wir können es nicht ändern, dass es auch mal hart hergeht, dass es kalt wird, die Straßen glatt sind, die Sonne mal nicht scheint. ABER wir können über unsere Gedanken bestimmen: das Wunder jeder einzelnen Schneeflocke bestaunen, den Ofen weiter aufdrehen und die Wärme bewusst genießen, die Sonne in unserem Herzen scheinen lassen.

WIR ALLEIN bestimmen, was uns gut tut und wie wir damit umgehen.

Achte darauf, WAS Du denkst und prüfe immer öfter, ob Du genau das bekommen möchtest, was Du da vor Dich hin sinnierst! TUT ES DIR WIRKLICH GUT ?!!

Eine besondere Herausforderung, und gleichzeitig unsere größte Chance ist der Umgang mit Schmerz und Krankheit. Was wir da SPÜREN, ist so real, so unübersehbar, dass es schon ein gewaltiges UMDENKEN erfordert, das Positive daraus zu entnehmen.

Bitte probiere es heute aus! Wenn sich ein seelischer Schmerz bei Dir rührt, wenn Dich Dein Kopf, Dein Magen, Deine Füße ... zu quälen beginnen, höre tief in Dich hinein! Was will Dir Deine Seele gerade mitteilen? Dazu findest Du jede Menge an Literatur, doch probiere es heute SELBST!!

Nur Du kennst den genauen Zusammenhang, aber er ist tief in Dir verborgen. Was IN DIR hindert Dich zurzeit, von Herzen glücklich zu sein?

Singe noch einmal das Lied des Otters:

Das Leben meint es gut mit mir.
Das Leben ist spannend.
Das Leben ist ein Spiel.
Das Leben ist ein Fest der Liebe.
Voll Freude genieße ich
das Zusammensein mit meinen Mitmenschen.

Ich wünsche Dir einen FROHEN Tag!

18. Februar

Hast Du gestern irgendeinen Sinn in Leid und Krankheit entdecken dürfen? Dieses Thema ist so umfassend und vielschichtig, dass es uns natürlich noch oft begegnen wird. Das „Medizin"- Rad wirkt ja heilend auf allen Energieebenen, und im Winter ganz besonders auf der Körperebene.

Den Grundstock dafür haben wir in den zwei ersten Monaten gelegt!
Im ersten Monat konnten wir lernen, uns zu reinigen und vom alten Ballast zu befreien. Im zweiten Monat haben wir eine neue Art zu denken eingeübt.

Lassen wir uns von den zwei Monatssteinen Rubin und Saphir noch einmal zusammenfassend erzählen, um was es in den letzten 30 Tagen gegangen ist.

Wenn ich die zwei Heilsteine betrachte, beide gehören zur Korundgruppe, haben sie außer ihrem Familiennamen und ihrer ganz besonderen eigenwilligen Schönheit nichts gemeinsam.
So hat sich der verspielte Otter noch zu guter Letzt den kleinen Spaß erlaubt, scheinbar gegensätzliche Themen froh zu vereinen!

Der magentafarbene Rubin verhilft uns zur Selbstverwirklichung. Er lässt uns ehrlich und sensibel mit uns selbst und mit unseren Mitmenschen umgehen. So kann er die Erwartungen, die wir an unser Leben stellen, auf sanfte Weise erfüllen. Wenn Dich der Rubin besonders anrührt, darfst Du Dich und Dein inneres Kind auf der 1. (rot) oder auf der 4. Chakrenstation (rosa, grün) besonders verwöhnen!

Der blau schimmernde Saphir ist ein echter Lichtbringer. Er verwandelt Negatives in positive Energien, hilft Dir in allen Lebenslagen die Ruhe zu bewahren und Deine Gedanken auf das Wesentliche zu konzentrieren. Willst Du Dich mit seiner Schwingung noch enger verbinden, besuche mit Deinem inneren Kind die 6. Chakrenstation (hellblau)!

Wähle Dir für den heutigen Tag ein Kleidungsstück, einen Schal in der passenden Farbe, und wenn Du Düfte liebst, auch ein zu Dir passendes Aromaöl (s. Anhang 2 „Chakren-Entsprechungen")!

Lass Dir diese zwei besonderen Steine heute wenigstens in Gedanken nahe sein, wenn möglich, trage einen der beiden wirklich bei Dir!

Ich wünsche Dir bis morgen, dem Übergang zur neuen Medizinradposition, einen aufregend schönen, hell schimmernden Tag!

Rubin   Saphir

Mond der großen Winde

Puma

Schöpferische Kraft

Schnelligkeit Positivität Kommunikation

Kennst meine spirituelle Sehnsucht

Heilend

Die Lernthemen

Der Winter ist die Zeit der Auflösung.
Spüre in Dich hinein, wie unterschiedlich sich
Veränderungen anfühlen können!

Der Winter ist die Zeit der Entspannung.
Gönne sie Dir und lass alle einschränkenden Muster los!

Der Winter ist die Zeit der Unschuld.
Beginne, alles mit neuen Augen zu sehen!

Der Winter ist die Zeit der beginnenden Leichtigkeit.
Stelle Dich auf einen inneren Wandel ein!

Puma: Mimulus = Gefl. Gauklerblume   Erle

Spitzwegerich   Breitwegerich   Passionsblume

Lilie   Weide = Willow   Türkis

Weiße Koralle   Rote Koralle   Amazonit

19. Februar

Willkommen im Mond der Großen Winde! Wieder einmal dürfen wir erleben, dass ein kleiner Schritt am Medizinrad starke Wirkung tut. Allerdings ist es unserem Otter, dem Gedankenspieler, nicht allzu schwer gefallen, sich zu verabschieden, weil er die Kunst des Vorausträumens so gut beherrscht.

Falls es sich doch etwas schwer anfühlt, unterstützt Dich die Bachblüte Mimulus:
Ich kann mich gut abgrenzen und vertraue mich
beruhigt meiner inneren Führung an.
So fühle ich mich dem Leben gewachsen
und begegne mutig meinen Herausforderungen.

Male nun bitte in Deinem Lernheft noch einmal die beschwingten Seifenblasenkreise des Otters, möglichst mit bunten schillernden Farben! Darunter zeichnest Du die Wellenlinien der heutigen Position: Seifenblasen, die sich auflösen und zerfließen.

Genau so finden wir aus der Luft der Gaukeleien und Visionen zurück auf den Boden der Tatsachen, in eine fühlbare, greifbare Realität. Nur selten werden wir so intensiv wie in dieser Position dem Wasser in all seinen Zustandsformen begegnen dürfen.

Jetzt, wo draußen (zumindest bei uns) alles zugefroren ist, wirst Du vor Deinem inneren Auge vielleicht mit großer Sehnsucht Wasser in seiner flüssigen Form bewundern. Spiele alle Möglichkeiten durch, von Eis bis Wasserdampf, von Quelle bis Meer. Wasser ist ein sehr eingängiges Symbol für unsere Gefühlswelt.

Lass die inneren Bewegungen aufsteigen, die heute hochkommen wollen!

20. Februar

Konntest Du spüren, wie tief in Dir etwas in Bewegung gerät?
Notiere, welche Zustandsform Dich gestern besonders angesprochen
hat: *Am meisten liebe ich das Wasser, wenn es* ....

Jetzt, Ende Februar, sind die täglichen Wetterbeobachtungen
(normalerweise!!!) besonders hilfreich und ergiebig. Konzentriere Dich
heute beim Spazierengehen oder wenigstens in einer freien Ver-
schnaufpause draußen vor der Haustüre auf Wasser in seinen festen
Erscheinungsformen! Benütze alle Deine Sinne! Falls Du nichts in dieser Richtung vorfindest (lächel), dann erinnere Dich an früher!

Schnee: Spüre die fallenden Flocken auf Deinem Gesicht! Beobachte, wie sie sich kühl und sanft auf Dir niederlassen, Deine Augenlider
bedecken! Schlecke mit der Zunge das kühle Nass, rieche den besonderen Winterduft! Fange die Flocken mit Deiner Hand, bewundere ihre
vollkommene Schönheit, lass sie in Deiner Wärme schmelzen!
Glatteis: Mache die ersten tastenden Schritte auf der glatten Fläche, prüfe mit den Schuhen, wie bedenklich die Unterlage gefroren ist.
Muss gestreut werden? Ist das Eis gut sichtbar oder verbirgt es sich
tückisch unter der dünnen Schneedecke? Bewundere die perfekte glat-
te Fläche oder die kunstvoll geformten Rillen, wo gestern noch Schnee,
Matsch oder Wasserpfützen zu sehen waren! Welch ein Kunstwerk der
Verwandlung!
Eiszapfen: Schau nach oben! Hängen die Zapfen etwa bedrohlich
über Dir, mit ihrer nach unten bohrenden Spitze? Versuche einen Eiszapfen zu berühren, prüfe seine Festigkeit, klopfe an ihm und fühle
seine Kälte! Schlecke vorsichtig mit der Zunge, wie Du es als Kind gemacht hast! Spüre, wie er in Deiner Hand zu schmelzen beginnt, wie
das Eis sich durch Deine Wärme verwandelt und die kühlen Tropfen an
Dir herabrinnen!

Viel Spaß und Entdeckungsfreude beim Beobachten oder beim Er-
innern!

21. Februar

Hast Du gemerkt, wie viel Achtsamkeit es braucht, sich auf ein Wetterphänomen einzulassen, ohne gleich zu urteilen oder es als uninteressant abzutun? Bitte spiele dieses Spiel heute weiter und beobachte draußen in der Natur das Wasser in seinen flüssigen Erscheinungsformen!

Nebel: Rieche, schmecke, spüre ihn auf Deiner Haut, beobachte, wie er in alle Winkel und Nischen kriecht, sich breitmacht, Dir die Luft zum Atmen nimmt, alles verschwommen sehen lässt, Dein Gehör dämpft!

Regen: Lass die Tropfen auf Dein Gesicht fallen, spüre, wie das kühle Wasser an Dir herunterrinnt! Strecke die Zungenspitze vor und schlecke das Wasser auf, wie Du es als kleines Kind getan hast! Höre das gleichmäßige Trommeln, das Rauschen, das Spritzgeräusch der Fahrzeuge! Möchtest Du in die Lache platschen oder umgehst Du die Pfützen mit sorgfältigen Schritten?

Tauwetter: Genieße die wärmenden Sonnenstrahlen, die milde Luft, die schon ein kleines bisschen nach Frühling riecht! Höre das leise, fast unmerkliche Tropfen vom Vordach und von den Bäumen. Beobachte genau, wo die Eiszapfen schmelzen, sich erste Pfützen oder kleine Wasserbächlein bilden, wo die Schneehaufen schrumpfen, der Schneemann in sich zusammensinkt! Entdecke die feuchte braune Erde und das erste Grün in den Wiesen!

Matsch: Zugegeben, diese Mischung aus geschmolzenem Schnee, Erde und Steinchen ist auf den ersten Blick nicht sehr einnehmend. Wahrscheinlich hast Du Sorge, die Schuhe zu beschmutzen, nasse Füße zu bekommen, den Mantel in die Reinigung geben zu müssen! Aber wie ging es Dir damals als Kind, gut ausgerüstet mit Gummistiefeln? War es nicht ein herrliches Gefühl, herum zu matschen?! Außerdem hat der Schlamm auch ein Gutes, er verrät uns steigende Temperaturen!

Ich wünsche Dir viel Spaß an der frischen Luft und offene Sinne!

22. Februar

Wenn Du Zeit und Muße gefunden hast, Dich mit Haut und Haaren auf die Wasserbeobachtungen einzulassen, bist Du bestimmt genauso verblüfft wie ich über die Vielseitigkeit und Wandlungsfähigkeit dieses Elementes.

Welch ein passendes Symbol für unsere Gefühlswelt!

Bitte achte heute genau auf die Art und Weise, wie sich Deine Gefühle bemerkbar machen, und ziehe sofort den Wasservergleich:

- *Wirkt dieses Gefühl bedrohlich wie die vom Dach über meinem Kopf hängenden Eiszapfen?*
- *Begebe ich mich gerade auf glattes (auf dünnes, auf brüchiges) Eis?*
- *Liegt hier vielleicht ein uraltes, längst verdrängtes Gefühl unter einer riesigen Lawine begraben?*
- *Ist dieses Gefühl so interessant und bemerkenswert wie eine tanzende Schneeflocke?*
- *Ist mein Gefühl verdeckt von einer sanften Schneeschicht, die ich bloß wegzuwischen brauche?*
- *Meide ich dieses Gefühl wie den Weg durch den Matsch?*
- *Macht es sich trotzdem fett und breit, durchnässt mich und beschmutzt meinen Alltag?*
- *Bringt es mir Erleichterung, mich auf dieses aufkeimende Gefühl einzulassen wie mildes Tauwetter im Sonnenschein?*
- *Perlt dieses Gefühl ab wie warmer Regen?*

Sei bei diesem Hinspüren gut begleitet von Dir selbst und von Deinen Engeln!!!

23. Februar

Mal ganz ehrlich, wie hat es sich angefühlt, einmal einen ganzen Tag lang genau hinzuspüren? Ging es Dir durchwegs GUT dabei?

Für mich ist das interessanteste Wasserphänomen, das ich kenne, der gefrorene Wasserfall. Welch ein imposantes Gefühlsbild: die pure Lebendigkeit und Lebensfreude mitten im Lauf erstarrt und festgebacken, als ob hier nie Bewegung stattgefunden hätte! Aber mein Auge sieht noch den in der Luft gebogenen Wasserschwall, der jetzt zu Eis erstarrt ist, mein Ohr schreit geradezu nach dem Geräusch des mächtigen Tosens, ich fühle mich regelrecht um das herrliche gewohnte Schauspiel betrogen, den Regenbogen in der Gischt zu bewundern!

Bitte schalte heute Deinen inneren Detektiv ein!
Welche Gefühle sind in Dir lebendig begraben wie unter einer Lawine, welches Gefühl ist mitten im Lauf für lange Zeit erstarrt und lahmgelegt?

Registriere mit dankbarer Erleichterung alle Gefühle, die lebendig fließen, und lausche in Dich hinein, welches Gefühl bei Dir FEHLT! Was würden, was könnten andere Menschen in dieser Situation empfinden, wo bei Dir alles taub bleibt? Welches Gefühl versteckt sich vielleicht unter dem unangenehmen Körpersignal, hinter dem Schmerz, in der Krankheit, die Dir zu schaffen macht? Was deckst Du zu, wenn Du einem unstillbaren Impuls, zu essen, zu trinken, zu arbeiten .... nachgibst?

Die heutige Aufgabe ist ein Hintasten, ein Vermuten, wenn Du so willst, bloß ein Spiel, bei dem es nichts zu verlieren gibt, ABER VIEL ZU GEWINNEN !!!

Ich wünsche Dir dabei Schwung, Leichtigkeit und eine gute Spürnase!

24. Februar

Zugegeben, die gestrige Aufgabe war schier unlösbar! Wie sollen wir Gefühle aufspüren, die so tief vergraben sind, uns innerlich so erstarren lassen und taub machen für jegliche Lebensfreude? Es ist, als ob uns ganze Teile unserer Seele abhandengekommen wären, aber wir merken es nicht!!!

Welch tiefer Schmerz, welch massive Angst, welche Bedrohung lauert da in unserem Inneren! Frage Dich ganz ernsthaft, ob Du Dich auf diesen Prozess zum jetzigen Zeitpunkt einlassen willst, **oder** ob Du doch lieber weiter Dein Gesicht hinter einer Maske verbergen möchtest, weiter Deine Gefühle mit Essen, Trinken, Heiterkeit, zu viel Arbeit, mit Fasten und Kasteien oder anderen Tricks besänftigen möchtest.

Wenn Du bereit bist, den angefangenen Weg weiter zu gehen, triffst Du eine weitreichende Entscheidung hin zu großer Ehrlichkeit, hin zu Lebendigkeit und echter Freude. Dein Leben wird so reich und bunt werden, wie Du es Dir kaum zu erträumen wagst, so reich und bunt wie das Medizinrad, das vor uns ausgebreitet ist.

Wie Du bis hierher immer wieder erfahren durftest, gibt es so viele Helfer, so viel starke und zugleich sanfte Unterstützung, dass wir den eingeschlagenen Weg guten Mutes weiter gehen können!

Erinnere Dich heute noch einmal an Waboose, die Büffelfrau, die uns durch den ganzen Winter begleitet. Bei der „Körperübung des Monats" kannst Du Kontakt mit ihr aufnehmen und Dich von ihr halten lassen.

Nimm Dir ausreichend Zeit für Dich alleine und wähle einen Platz, wo Du Dich richtig wohlfühlen kannst! Wenn Du warmes Wasser liebst, lässt Du Dir die Badewanne einlaufen. Ansonsten mache es Dir im Sessel oder in Deinem Bett gemütlich. Hole Dir eine kuschelige Decke, ein Kissen, eine Wärmflasche! Es darf ruhig auch ein flauschiges Stofftier sein.

Alles ist erlaubt! Und nun genieße fünf, zehn Minuten lang die wohlige Wärme, ganz ohne Ablenkung, allein mit Dir und der weißen Büffelfrau Waboose, die Dich umfängt!
Diese Übung solltest Du an den kommenden Tagen öfter mal wiederholen!

Ganz viel Freude dabei!

25. Februar

Ich hoffe, Du konntest die gestrige Übung so richtig genießen!
Allerdings, so angenehm das „Sich fallen lassen", das „Bei sich ankommen" auch sein mag, es ist eine echte Herausforderung!

Lassen wir uns heute vom Puma inspirieren, der auf diesem Gebiet ja Spezialist ist!
Katzen sind Meister des Rückzugs, aber sie lieben auch den verspielten Kontakt mit der Außenwelt. Wie schaffen sie diesen Wechsel? Weil sie freiheitsliebend sind und selbst die Entscheidung treffen, ob sie sich gerade alleine vergnügen wollen oder nach draußen aktiv werden.

Bitte studiere heute, wenn es Dir möglich ist, das Verhalten einer Katze! Falls es in Deiner gesamten Umgebung tatsächlich kein lebendiges Exemplar geben sollte (oder Du zu wenig Zeit hast!?), nimm Dir wenigstens fünf Minuten, um Deine bisherigen Katzenerfahrungen in Dir aufsteigen zu lassen:
- *Katzen, die um Deine Beine streichen*
- *schnurrende Katzen auf Deinem Schoß*
- *Katzen, die einer Maus auflauern*
  u.u.u.
Ich bin sicher, Du weißt genau, was ich meine!!!

Sei heute ein aufmerksamer und einfühlsamer Beobachter!

26. Februar

Bei mir kam gestern so richtig der Katzenfreund zum Vorschein, bei Dir hoffentlich auch!

Ist es nicht herrlich, so ein weiches, felliges Katerlein am Bein zu spüren oder eine echt dicke, schwere Katze zu ertragen, die sich schnurrenderweise auf Deinem Schoss breitgemacht hat?! Ist es nicht das Aufregendste der Welt, den Katzen beim Mäusefang zuzusehen, wie sie sich anschleichen, stundenlang vor dem Mäuseloch lauern, gar mit der Pfote tief in die Öffnung greifen, um ihr Opfer doch noch zu erwischen. Ach, und die niedlichen winzigen Fellknäuel junger Kätzchen!

Sicher ist Dein Kopf noch immer (seit Deiner frühen Kindheit!!) voll solcher Erinnerungen! Nütze diesen Reichtum HEUTE !!

Hast Du zufälligerweise gestern Deine Körperübung gemacht? Was, Du hast sie vergessen? Du hattest keine Zeit dafür???

Wenn Du es Dir heute „auf meine Kosten" bequem machst, richte Dir Dein Plätzchen so bequem her, als würdest Du die vornehmste und anspruchsvollste aller Katzendamen einladen oder den mächtigen Herrscher aller mondsüchtigen Kater Deines Wohnviertels! Entspanne Dich, räkle Dich, löse Deinen Körper und lass Deine volle Schwere in das Polster fallen! Sei ganz Du selbst, sei ganz bei Dir, sei frei von allem, was Dich engt!

Genieße heute das satte Katzenleben!

27. Februar

Hast Du Deine kleinen Streicheleinheiten genossen? Gut so!!!
Zugegeben, es war ein wenig trickreich, sich dem „Puma-Thema"
über unsere netten, freundlichen Hauskatzen zu nähern. Aber was
soll`s! Ehe wir von schwierigen Dingen ganz Abstand nehmen, sie viel-
leicht sogar verdrängen, ist es in jedem Fall besser, mit kleinen Schritten zu beginnen und vorsichtig Kontakt herzustellen.

Beim Puma ist dies durchaus angebracht. Schließlich handelt es
sich um eine imposante, gefährliche Raubkatze, die ihr eigenes Revier
streng überwacht, voller Gewandtheit, Schnelligkeit und vor Kraft
strotzend. Da Pumas keine Eindringlinge an sich heranlassen, verkör-
pern sie im Medizinrad auch unsere magischen, geheimnisvollen Per-
sönlichkeitsanteile.

Bitte betrachte (wenigstens auf S. 76) dieses wilde, scheue Tier aus
nächster Nähe! Dann schließe die Augen und verbinde Dich während
Deiner Körperübung mit den Kräften dieses herrlichen Wesens! Sei
selbst ein Puma!

Fühle die kraftvolle, freie Natur in Dir! Bestimme heute über Dein
Sein!

28. Februar (und 29. Februar)

Konntest Du Dein „Puma-Dasein" wirklich genießen?
Ich weiß selbst aus Erfahrung, wie schwierig es werden kann, sich für eine solche Übung Zeit und Muße zu gönnen. Die Psychologie nennt das „Widerstand". Aber dafür hat man schließlich Freunde!

Vom Puma dürfen wir lernen, was echte Entspannung bedeutet: sich vollkommen von allen Ablenkungen loszulösen, sich tief fallen zu lassen in dem beruhigenden Wissen, ein fest abgestecktes sicheres Revier zu besitzen und alles gut im Blickfeld zu haben.
Aus dieser tiefen Entspannung heraus vermag der Puma sekundenschnell in eine gelöste Gespanntheit zu wechseln, und das wollen wir ihm heute abkucken!

Welche „Eindringlinge" sind es, vor denen wir während unserer gemütlichen fünf Minuten auf der Hut sein müssen? Du ahnst es sicher schon, diese Störenfriede sind unsere Gedanken! Aber gegen dieses Problem hat uns ja unser Freund, der Otter bereits einiges an die Hand gegeben.

Wenn Du also heute so gemütlich da liegst und Dich räkelst, wirst Du den ersten Gedanken, der bekanntlich zwar blitzschnell, aber einzeln (!!!) daherkommt, sofort an der Wurzel packen und verabschieden und dagegen den EINEN Gedanken setzen, der Dir wirklich GUT tut, dessen Erfüllung Du Dir wirklich herbeisehnst!
Auf diese Weise bleibt Dir genügend Zeit, Dich um Deine gegenwärtigen Gefühle zu kümmern, denn einzig und allein deshalb liegst Du gerade so genüsslich da (sei es im Bett, auf dem Sofa oder in der warmen Badewanne).
Bitte notiere Dir zum Abschluss der Übung, welche GEFÜHLE Du dabei wahrgenommen hast!

Ich wünsche Dir einen heiteren, beschwingten Tag!

1.März

Hat Dir der Puma schon ein wenig geholfen, Dich an Deine Gefühle heranzuschleichen?

Natürlich spüren wir eine ganze Mischung von Empfindungen, wenn wir endlich mal „Ruhe geben". Alles, was wir bewusst fühlen, was für uns sozusagen greifbar ist, bereitet uns nur wenig Probleme. Wir schauen ja dem Feind direkt ins Auge und können entsprechend reagieren!

Aber da gibt es doch noch die „verschütteten", die „eingefrorenen" Gefühle, die Emotionen. Diese verborgenen Feinde zu identifizieren und gerecht zu beurteilen, um angemessen darauf reagieren zu können, ist unser aktuelles Anliegen.

Damit uns die Annäherung leichter gelingt, gilt es wieder mal, alles unnötige Gepäck abzuwerfen, um schneller in eine spannungsfreie katzenartige Gelöstheit zu gelangen.

Wenn Du in der Schneegans-Position mit Entgiften, Entsäuern, Entschlacken begonnen hast, stehen Deine Karten natürlich besonders gut! Aber auch jetzt ist noch ein guter Zeitpunkt, um einzusteigen.

Um Dir beim Loslassen seelische Unterstützung zu holen, bietet sich zurzeit die Essenz der Erle besonders an. Bitte notiere in Deinem Lernheft:

Ich kann das Wesentliche erkennen
und die Weisheit in mir besser nutzen.
In allen Lebenslagen bleibe ich innerlich gelassen.
Indem ich mit der schöpferischen Kraft in mir Kontakt aufnehme,
erfahre ich Heilung.

Vielleicht entdeckst Du beim Spazieren gehen eine echte Erle!

Erlen wachsen gerne in der Nähe von Flüssen und sind jetzt, noch ohne Blätter, an ihren rötlich hängenden Kätzchen und den winzigen braunschwarzen Zäpfchen leicht zu erkennen. Beobachte, wie sich die Würstchen nach der langen kalten Zeit bereits zu lockern beginnen!

Einen wunderschönen entspannten Tag bis morgen!

2. März

Hat Dich die Erle an Deine Vorsätze erinnert?
Trinkst Du schon Deinen Entgiftungstee? Oder nimmst Du vor dem Frühstück einen Teelöffel Himalajasalz in Wasser aufgelöst zu Dir? Machst Du Deine tägliche Ruheübung?

Ich weiß schon, es nervt ein bisschen, aber im Laufe der Zeit machen solche regelmäßigen Übungen richtig Spaß, Du wirst sehen! Schaff Dir ein paar gute Gewohnheiten, die zu Deinem Lebensablauf passen!
Auch der morgendliche Blick auf das Wetter gehört dazu! Wenn wir uns mit den Wetterphänomenen verbinden, uns sozusagen mit ihnen einverstanden erklären, (egal ob es stürmt oder schneit!) gewinnen wir ein hohes Maß an Lebensqualität, weil wir dadurch ein Stück der Natur werden und so richtig „dazugehören" dürfen.
Jetzt Anfang März ist es natürlich besonders stimmungsvoll. Der Tag wird immer länger, die Vögel singen voller Fröhlichkeit, der Schnee hat sich in weiten Teilen verabschiedet, die Erde riecht schon fast nach Frühling.

Da wir uns in der Zeit der „Großen Winde" befinden, sind die Luftbewegungen besonders wichtig für uns. Nimm genau wahr, ob und woher der Wind weht! Nütze jede Gelegenheit, Dich ordentlich durchwehen zu lassen und stell Dir dabei vor, wie alte, erstarrte Emotionen sich lösen und von Dir abfallen.

Vielleicht kannst Du schon bald stolz in Deinem Lernheft berichten: *Meine Angst, meine Wut, mein Neid, meine Schüchternheit, mein Ärger, meine Niedergeschlagenheit u. u. u. sind wie weggeblasen!*

Alles Liebe bis morgen!

3. März

Bitte vergleiche einmal, was Dir leichter fällt: draußen spazieren zu gehen oder Dich in die Stille fallen zu lassen? Entscheide immer so, dass Du Dich GUT dabei fühlst!

Meist ist das „Ganz zur Ruhe kommen", das „Auf sich zurückgeworfen werden" eine besondere Herausforderung. Je öfter Du Dich darauf einlässt, desto mehr Reaktionen werden sich zeigen, weil Dein inneres Kind ja mutiger und damit offener wird. Bitte scheue Dich nicht, in heftigen, „stürmischen" Zeiten eine verständnisvolle therapeutische Begleitung in Anspruch zu nehmen, wenn die Flut Deiner Emotionen sich zu schmerzhaft löst!

Vielleicht schaffst Du es aber auch gut alleine und bist neugierig darauf, tiefer zu gehen und mehr über Dich zu erfahren.

Eine besondere Einladung, Deine tiefsten Gefühle kennenzulernen, sind die Körpersymptome wie Schmerz, Unwohlsein oder Krankheit. Je mehr Du diese Signale beachtest, OHNE sie wegschieben zu wollen, je mehr Du ihnen gestattest, einfach bei Dir zu sein, je mehr Du ihnen aufmerksam „zuhörst", desto tiefer geht der Prozess, den wir „Heilung" nennen.

Nimm das sich meldende Signal mütterlich liebevoll an, atme aufmerksam und gleichmäßig, lenke diesen lebenden Strom an die Körperstelle, wo die reinigenden Energien gerade gebraucht werden und spüre, wie diese liebevolle, helfende Kraft den Schmerz behandelt. Zuerst mag es sich anfühlen, als müsstest Du unter einer riesigen Lawine mit den bloßen Händen buddeln, oder vielleicht so hoffnungslos, als würdest Du einen ganzen Gletscher mit einem Fön zum Schmelzen bringen wollen.

Aber vertraue auf die Kraft Deiner Seele, auf die Begleitung Deiner schützenden Engel! Es ist im Plan des Großen Ganzen besiegelt, dass Du heil und gesund sein darfst und sollst! Sei Dir gewiss, dass dieses Geschenk für Dich bereitliegt und von Dir in Empfang genommen werden will: Erleichterung, Lebensfluss, Liebe!

Bitte notiere in Deinem Lernheft, welches Gefühl sich heute bei Dir meldet! Erfreue Dich an den kleinen Veränderungen!

4. März

Wie „fühlst" Du Dich, seitdem Du mit den intensiven Übungen begonnen hast?

Ich weiß aus eigener Erfahrung, wie sehr es schmerzt, sich an die alten inneren Verletzungen heranzutasten.

Vielleicht hilft Dir das Medizinrad einen kleinen Schritt weiter mit dem Symbol des Frosches, der für alle drei Gefühlspositionen (Puma, Specht, Schlange) zuständig ist.

Frösche sehnen sich wie wir alle nach der wärmenden Sonne. Bald werden sie aus der Winterstarre erwacht sein und wieder scheinbar regungslos an den Uferböschungen sitzen, um sich mit Wärme aufzutanken. Und schon in einem Monat werden sie Laich ablegen, um für neuen Nachwuchs zu sorgen.

Der Kreis des Lebens geht weiter. Sicher hast Du schon oft die kleinen Kaulquappen bewundert und darüber gestaunt, welch wunderbare Verwandlung stattfinden muss, dass aus diesen winzigen wendigen Schwimmern in kurzer Zeit unternehmungslustige Landbewohner werden. Da der Frosch auf der Erde und im Wasser gleichermaßen zu Hause ist, symbolisiert er auf verständliche Weise unsere Gefühlswelt.

Um tief und ehrlich empfinden zu können, brauchen wir Halt und Geborgenheit. Der größte Schmerz unserer Kindheit bestand darin, mit manchen Gefühlen allein gelassen zu werden. Und das sitzt heute noch fest!!!

Bitte beschäftige Dich bis morgen mit dem Thema Frösche in allen Variationen! Wenn Du magst, male ein Bild dazu!

Und übrigens, SEI EIN FROSCH !!! Lass es Dir gut gehen!

5. März

Wie fühlt es sich für Dich an, ein „Frosch" zu sein? Ist schon ein wenig von seiner Leichtigkeit und Beweglichkeit bei Dir angekommen? Und ein wenig von seiner Schwere?

Bitte nütze Deine heutigen „Lernminuten" für ein paar (oder besser noch VIELE!) Schritte hinaus vor Deine Haustüre! Sicher entdeckst Du in den meisten Gärten bereits die ersten Frühblüher. Begrüße die Schneeglöckchen, Krokusse und gelben Winterlinge, die Blüten der Zaubernuss, die Palmkätzchen und die sich streckenden Kätzchen an Haselnuss und Erle!

So ganz nebenbei erinnere Dich an die Zeit, als Du selbst ein ganz kleines Kind warst! Mit welchem Namen wurdest Du gerufen?
Sprich Dich nun leise und aufmerksam mit diesem Namen von damals an und sage zu Dir:
............., *ich liebe Dich!*
oder
............., *gut, dass Du da bist!*

Wenn der Satz bei Dir wirklich „ankommt", wirst Du es spüren. Dein Körper signalisiert Dir deutlich, ob Du auf genau diese Worte gewartet hast, oder ob Du noch ein wenig herumprobieren musst.
Dieser Satz ist so wichtig, dass Du ihn Dir oftmals schenken solltest. Bitte notiere ihn auch mit Deinem Lieblingsstift im Lernheft!!

Wie schön, dass es Dich gibt! Alles Liebe bis morgen!

6. März

Bist Du ein wenig mehr „bei Dir" angekommen?

Je besser wir lernen, uns selber anzunehmen, so wie wir sind, je mehr wir beginnen, uns selbst zu lieben, umso leichter fällt uns der Blick auf die Menschen, die uns unzureichend begleitet, vielleicht sogar verletzt haben.

Erinnere Dich an die zarten Blüten von gestern! Wie leicht kann es passieren, dass heute noch einmal Schnee fällt und sie zudeckt, wo sie sich doch so sehr nach Sonnenlicht und Wärme sehnen. Ist nun der Schnee etwa schuld, tut er es aus böser Absicht? Und dennoch behindert oder verletzt er das junge, keimende Leben.

Wir kennen meist nicht wirklich die Gründe, warum uns andere Menschen in der Vergangenheit verletzt haben. Geschah es aus Unvermögen, aus mangelnder Überlegung, inwieweit hätten sie aus ihrer Sicht anders handeln können??

All diese Fragen müssen wir nicht beantworten.

Gib dem kleinen unschuldigen Kind in Dir HEUTE das, was es braucht: Geborgenheit, Verständnis, Wärme und Liebe!

Am Medizinrad unterstützt Dich noch immer Waboose, das Leben spendende, mütterliche Symbol des weißen Büffels.

Schließe die Augen und gehe tief in das Gefühl von Geborgenheit und Wärme! Stelle Dir vor, wie die Sonne mit ihren kraftvollen Strahlen auf Dich herab scheint! Sie erwärmt Dich und lässt die Schicht aus Schnee und Kälte sanft dahin schmelzen. Lass Deinen Schmerz einfach gehen! Sei ganz bei Dir!

Ich wünsche Dir einen sanften, schönen Tag!

7. März

Gut geschützt konntest Du gestern Deine Übung hoffentlich richtig genießen.

Wiederhole heute bitte das Ganze! Wenn Du wirklich tief bei Dir angekommen bist, kannst Du mit Deinem „inneren Kind" so sprechen, wie wir es vorgestern ausprobiert haben.

Nenne Dich bei Deinem „Kleinkindernamen" und sage:
---------, *Du kannst Dich hier ganz sicher fühlen.*
---------, *Du hast ein Recht, glücklich zu sein.*
---------, *ich bin stolz auf Dich.*

Wähle für die nächsten Tage den Satz aus, der am besten bei Dir ankommt!
Vielleicht möchtest Du Dich noch intensiver mit Deinem „inneren Kind" beschäftigen und ihm GUTES tun.

Zu diesem Thema findest Du jede Menge an hilfreicher Literatur.
Die oben genannten Sätze habe ich dem wunderbaren Buch „Souling - Mehr Liebe und Lebendigkeit" von Martin Siems entnommen.

Ich wünsche Dir einen frohen, entspannten Tag!

8. März

Mittlerweile bist Du bestimmt schon recht geübt dabei, in die Stille zu gehen und ganz bei Dir zu sein.

Je besser es Dir gelingt, die Außenwelt für einen kleinen Moment auszuschalten, desto größer werden aber auch die Widerstände, die Dich hindern wollen, mit der Stilleübung zu beginnen.

Achte sorgfältig auf mögliche „Ausreden": keine Zeit, tolles Fernsehprogramm, zu müde, nicht ungestört, usw. usw. !

Stattdessen nimm bitte jegliche Art von Körpersymptom als Hinweis, wie wichtig und GUT es gerade jetzt für Dich ist, Dir Raum ganz allein für Dich zu schenken!

Der Körper erinnert uns zwar schmerzlich, aber liebevoll an noch nicht bewältigte Gefühlsprobleme. An dieser Stelle kann das NEUE Denken einsetzen und einen anderen, besseren Weg aufzeigen. Unser Empfinden wird auf die veränderte Art des Denkens unmittelbar reagieren und uns die Erleichterung zuführen, die wir uns so sehr wünschen.

Bitte betrachte heute das Bild einer Passionsblume! Zeige diese besondere Blume Deinem „inneren Kind" und erfreut Euch gemeinsam an dem eigenartigen Blütenmuster!

Notiere in Deinem Lernheft die Information der Passionsblumen-Essenz:

Meine Gefühle und Gedanken
kommen immer mehr in Einklang.
Ich gewinne den Mut,
meine wahren Gefühle auszudrücken.
Dabei bewahre ich meinen Sinn für die Realität.

Sei gut begleitet für diesen Tag!

9. März

Ist Dir - wieder einmal - aufgefallen, dass es fast immer die gleichen oder ähnliche Gedanken sind, die unsere Stille stören?

Oft versuchen wir (fast automatisch) diese Gedankenflut zu stoppen, indem wir uns ablenken, mit Trinken, Rauchen, Essen, Fernsehen, Arbeiten. Wenn wir nun während der Stille-Übung einen kurzen Zeitraum auf diese gewohnten „Suchtmittel" verzichten müssen, spüren wir natürlich heftige Reaktionen. Unser „inneres Kind" schreit geradezu nach Aufmerksamkeit und Trost.

Je besser wir lernen, dem leidenden, ungeborgenen Teil in uns zu geben, was er wirklich braucht, ihn zu-FRIEDEN zu stellen, desto schneller kann sich die ersehnte Ruhe in uns ausbreiten, desto tiefer greift der Prozess der Verwandlung.

Bitte finde heute heraus, was Deinem inneren Kind besonders GUT tut, was es am meisten liebt, wonach es sich zutiefst sehnt! Nütze die breite Palette der Hilfsmittel: den Duft von Blumen oder natürlichen Aromaölen, das Spiel der Farben, die Faszination der Steine!

Schau nach, ob Du einen Türkis, eine Koralle, einen Amazonit besitzt oder notiere diese Heilsteine auf Deiner Einkaufsliste! Nebeneinander gelegt kannst Du am leichtesten entscheiden, mit welchem Stein Du gern arbeiten würdest.

Wähle heute Deine Lieblingsfarbe, wenigstens bei Schal, Socken, Handschuhen oder Einstecktüchlein!

Und teile dem kleinen Kind tief in Dir drinnen mit:

.........., *Du kannst bekommen, was Du brauchst.*

Ich wünsche Dir von Herzen einen glücklichen Tag!

10. März

Hast Du gestern gespürt, welch tiefer Schmerz unter unseren Süchten vergraben liegt? Hast Du einen Weg gefunden, Dein inneres Kind in den Arm zu nehmen, zu wiegen und zu trösten?

Bitte schau genau hin und horche in Dich hinein! Wie alt mag dieses kleine Kind sein: drei Jahre, ein Jahr, neugeboren?

Im Medizinrad beschäftigen sich alle Winter-Positionen, da sie unter dem Schutz von Waboose stehen, mit dem ganz alten, gebrechlichen Menschen und mit dem Säugling. Immer geht es um die Sehnsucht nach Schutz und Geborgenheit, aber auch um Vollkommenheit und Unversehrtheit!

Rufe in Dir das Bild des neugeborenen Kindes wach! Es zeigt sich ganz ursprünglich, ganz vertrauensvoll und offen. Jede seiner Bewegungen und Äußerungen ist wahrhaftig, ursprünglich und natürlich. Alles dient dem einzigen Ziel, in der Harmonie des Geliebt werdens, der All-Einheit zu verbleiben und glücklich zu sein. Alles geschieht in dem tiefen, unverbrüchlichen Wissen, dass die Befriedigung Deiner Wünsche MÖGLICH ist und JETZT SOFORT einsetzen wird!

Rufe Dich heute bei Deinem Kleinkindernamen und sage Dir voller Zärtlichkeit:
..........., *in Wirklichkeit bist du immer geliebt worden.*

Lass den Schmerz zu, der in Dir aufkommt, lass die Tränen zu, wenn sie fließen wollen! Lass die Wut aus Dir heraus blitzen, wenn sie sich meldet! Jedes Deiner Gefühle ist rein und vollkommen, ist ein wertvoller, erlaubter Bestandteil Deiner selbst! Jedes Deiner Gefühle ist Teil der ganz großen, allumfassenden Liebe, die uns trägt und ins Leben gerufen hat.

Ich wünsche Dir heute Freude, Freude, Freude!

11. März

Ich erlebe selbst jeden Tag, wie „gefühlvoll" und zuweilen heftig die momentanen Übungen ablaufen. Aber ich spüre auch, dass uns jede Menge Engel bei dieser Arbeit liebevoll begleiten, und weiß uns immer in GUTEN Händen!

Besonders wenn Wut und Ärger hochgespült werden, neigen wir ganz automatisch dazu, den damalig verantwortlichen Bezugspersonen Schuld zuzuweisen.

Vom Verstand her mag das natürlich gut begründet sein, aber vom Herzen her gedacht bringt es uns kein winziges Stück weiter! Da wir alle EINS sind, was wir als kleine Kinder mit unserem REINEN unverfälschten Bewusstsein unumstößlich wussten, beschwert jede Schuldzuweisung, jedes „Belasten" des anderen automatisch uns selber mit.

Um endlich FREI zu sein, dürfen wir das Wort Schuld aus unserem Wortschatz streichen. Das Medizinrad und die Religionen sprechen bei diesem Vorgang von Vergebung und Versöhnung.

Frage heute Dein inneres Kind, ob es bereit ist, den Berg an Schutt und altem Gerümpel loszulassen, den Ihr zwei schon ein Leben lang mit Euch herumschleppt! Halte nicht aus Gewohnheit, aus Trotz, aus Enttäuschung an einem alten Muster fest, das Dir Tag für Tag wehtut, das Dich kränkt, das Dich tatsächlich KRANK macht!

Bitte den Erzengel Michael um seine Mithilfe.
(Auch falls Du kein „gläubiger" Mensch bist, wird er Dir beistehen, wenn Du ihm nur die Erlaubnis gibst, in Dein Feld einzutreten. Probiere es, riskiere es, Deinem Leben eine neue Richtung zu geben!)

Notiere mit einem dunkelblauen Stift in Deinem Lernheft:
Deine blaue Heilflamme brennt meine Energiekörper frei!

Zum Abschluss dieser Übung bedanke Dich für die Unterstützung, die Dir „von oben" gewährt worden ist!

Genieße heute das Gefühl des Frei seins!

12. März

Hast Du gestern spüren dürfen, wie es sich anfühlt, tatsächlich FREI zu sein? Sicher, wir haben noch einen langen Weg vor uns, aber der erste, wichtigste Schritt hin zum Wunder der Versöhnung ist getan.

Alle die Ziele, die Du in den vergangenen Wochen und Monaten schattenhaft vor Dir gesehen hast, alle die Wünsche, nach deren Erfüllung Du Dich so sehr sehnst, gipfeln in einem einzigen Punkt: VERSÖHNUNG.

Welche Kraft in dieser Verheißung steckt, wollen wir an der langsam aufbrechenden Natur ablesen.
Nimm Dir bitte heute die Zeit, ein kleines Stück Wiese zu betrachten, das vom Schnee des langen Winters befreit ist. Neben all den braunen, niedergedrückten Grashalmen wirst Du viel frisches Grün entdecken.
Bescheiden und unscheinbar zeigen sich einzelne kräftige Rosetten mit leicht angespitzten Blättchen: Wegerich in vielen Variationen (je nachdem, wo Du wohnst): Spitzwegerich, mittlerer Wegerich, Breitwegerich. Alle haben sie das kreisförmige Wachstum gemeinsam. Im Frühling werden die kräftigen Blätter uns als vitaminreiche Beilage dienen. Vielleicht hast Du Dir im vergangenen Jahr sogar einen Wintervorrat für heilsame Tees zurückgelegt.

Lernen wir heute vom Wegerich, wie es sich anfühlen wird, ganz bei sich, in der eigenen Mitte anzukommen. Bitte notiere im Lernheft die Information der Spitzwegerich-Essenz:
Ich werde mir
meiner Durchsetzungskraft und Eigenmacht bewusst.
Aufrecht begegne ich allen Herausforderungen.
Meine Verletzungen können ausheilen.
Ich fühle mich geschützt und erlebe das Gefühl von Zugehörigkeit.

Ich wünsche Dir heute ganz viel Gelassenheit und Stabilität!

13. März

Hast Du gestern, wenigstens für einen kleinen Moment, erfahren dürfen, wie gut sich „die eigene Mitte" anfühlt?

Um dem kleinen Kind in uns noch mehr Kraft und Stabilität zu schenken, werden wir uns im Lauf der kommenden Tage die Heilsteine des Monats etwas genauer betrachten.

Bestimmt hast Du schon einmal eine Koralle in den Händen gehalten. Falls Du sie jetzt in diesem Augenblick griffbereit hast, umso schöner! In welcher Farbe hättest Du sie am liebsten: *rot, rosa, weiß oder schwarz?*

Mache Dir bewusst, dass es sich bei den Korallen um die Skelette organischer Meereslebewesen handelt, was jetzt, wo wir uns in einer „Frösche-Position" befinden, natürlich besonders hilfreich ist. Denn die Symbolkraft des Wassers hat uns die letzten drei Wochen begleitet und darin bestärkt, alle angestauten Gefühle zu lösen und freizulassen.

Je nachdem, welche Farbe Du gewählt hast, unterstützt Dich „Deine" Koralle bei einem speziellen Thema aus der Vergangenheit, das Du heute (einmal ganz ohne Nachdenken, ganz ohne Dir einen Kopf zu machen!) auf liebevolle sanfte Weise bearbeiten kannst.

Schlage bitte im Anhang 1 nach:
Falls Du die rosa Farbe gewählt hast, schau Dir das Kinderbild der vierten Station an!
Für die rote Koralle würde das Bild der ersten, zweiten oder vierten Station passen.
Bei der schwarzen Koralle wählst Du Station Drei, für die weiße Koralle Station Sieben.

Betrachte aufmerksam und mit liebevollem Blick das ausgewählte Bild!

Dann legst Du Dich bequem hin und schließt die Augen. Falls Du eine echte Koralle besitzt, lege sie auf die entsprechende Körperstelle:

Erstes Chakra – oberer Bereich der Oberschenkel oder unter dem Steißbein
Zweites Chakra – unter dem Bauchnabel
Drittes Chakra – über dem Bauchnabel (Solarplexus)
Viertes Chakra – in Herzhöhe, Mitte der Brust
Siebtes Chakra – oberhalb des Kopfes auf dem Boden.
Falls Du keine Koralle besitzt, lege einfach die Hände entspannt auf die entsprechende Stelle, beim siebten Chakra platzierst Du die Hände gelöst am Körper!

Nun lasse die liebevolle, Licht bringende Kraft der Koralle auf Dich wirken, höre auf das Rauschen des Meeres, sieh seine Schaumkronen und lasse Dich einfach treiben ....

Einen wundervollen, entspannten Tag wünsche ich Dir und Deinem „inneren Kind"!

14. März

Mithilfe der Koralle hast Du gestern bestimmt viel Freude erfahren und Lebenskraft tanken können!

Heute wenden wir uns dem Türkis zu. Vielleicht nimmst Du ihn gleich mal zur Hand oder Du schaust ihn Dir im Bild an. Welch wunderbare Farbe, und in der Natur gar nicht so oft zu finden! Ich erinnere mich, mit welchem Entzücken ich meinen ersten Eisvogel beobachten durfte und sein türkisfarbiges Gefieder in der Sonne blitzen sah. Auch Meer und Himmel zeigen in ganz besonderen Augenblicken diese Färbung.

Bitte setze oder lege Dich mit geschlossenen Augen entspannt hin und berühre mit einem Türkis (ersatzweise einfach mit den übereinanderliegenden Händen) Deinen Hals! So aktivierst Du Dein Kehlchakra. Verbinde Dich mit der vollkommenen Schönheit der Natur und überlasse Dich dabei Deinen Gedanken und Bildern! Heiße alles, was da innerlich an Dir vorbeizieht, willkommen!

Es darf in Dir fluten wie das brandende Meer, wie der lebendige Atem, es darf kommen und gehen. Stelle Dir vor, wie das türkise Leuchten Deines Steines sich im gesamten Halsbereich ausbreitet und bis in Dein Herz hinein ausstrahlt! Spüre die tiefe Liebe, die in Dir wohnt und gib Dich dem Staunen hin, dass Du zu solcher Liebe fähig bist! Heute ist die Zeit, zu DANKEN!

Nimm Dir so viel Raum, wie Du brauchst, um Dich inwendig ganz aufzutanken! Lass Dir genügend Zeit, wieder im Hier und Jetzt anzukommen und aufzustehen .....

Zum Abschluss öffne bitte das Fenster oder gehe ein paar Schritte vor die Haustüre! Atme tief durch und sauge die Luft ein, die schon ein klein wenig nach Frühling schmeckt!

Ich wünsche Dir einen türkisfarbenen Tag!

15. März

Hast Du gestern den Türkis auf Dich wirken lassen? Konntest Du spüren, wie viel Kraft er Dir zu schenken vermag, wie er Dein Selbstvertrauen aktiviert und Dich offener macht, um Dich mit Deinen wundervollen Anlagen auch den anderen gegenüber zu zeigen?!
Trage ihn regelmäßig bei Dir, besonders wenn Du schwierige Gespräche führen oder im Rampenlicht stehen musst und Dein inneres Kind wieder mal vorher ängstlich Alarm schlägt!

Der dritte Monatsstein der Puma-Position ist der Amazonit. Studiere seine besondere grünlich blaue Färbung! Besonders Kinder lieben sein zartes, interessantes Erscheinungsbild. Ebenso wie der Türkis verbindet der Amazonit das Hals- mit dem Herzchakra.
Bitte betrachte heute in Anhang 1 zuerst das Kind der vierten, dann das der fünften Station!
Stell Dir vor, Du bist dieses kleine Kind, das ganz eingebunden in Liebe und Vertrauen den Schritt wagt, von der Herzensposition aus in den öffentlichen Raum zu gehen, wo jeder Dich sehen und hören kann! Hier im fünften Chakra lernst Du, Deine ganze Kreativität zu entfalten, die in Dir schlummert.
Du bist das kleine, kostbare Kind, das, von allen liebevoll bestaunt, auf dem Tisch tanzt, seine Lieder schmettert, sein lustiges Gedicht vorträgt. Du bist dieses kleine Kind, das keinen Zweifel lässt, dass es einfach perfekt ist, dass es sich willkommen und geliebt weiß, dass seine Qualitäten unschätzbar und einzigartig sind!

Bitte notiere in Deinem Lernheft die Namen der drei Heilsteine: *Koralle, Türkis, Amazonit!* Nimm Deine Lieblingsstifte und fülle die Seite mit lauter herrlichen Wörtern: *Liebe, Freude, Lebenskraft, Selbstvertrauen, Tatkraft, Vitalität, Tapferkeit, Kreativität, Entspannung, Selbstsicherheit, Ausgeglichenheit ....*
Bedanke Dich von ganzem Herzen für die wunderbaren Geschenke des Pumas!
Genieße diesen schönen Tag!

16. März

Wie geht es Dir heute?

In der gefühlvollen, verletzlichen Position des Pumas bieten selbst die schönsten Steine nur einen unvollkommenen Ersatz, da sich unser inneres Kind so sehr nach Halt und Geborgenheit sehnt und wirklich GEHALTEN werden will.

Immerhin hast Du im Laufe dieses Monats so viel an Stärke und Zuversicht dazu gewonnen, dass es Dir ein wenig leichter fällt, auf Menschen zuzugehen, denen Du vertrauen kannst. Vielleicht bemühst Du Dich um Massagetermine oder ähnliche Behandlungen, die Dir körperliche Zuwendung spenden?!

Eine liebevolle, streichelnde Hülle dicht am Körper bilden auch die natürlichen Aromaöle (ohne chemische Zusätze!!), wenn Du sie gezielt für Dich auswählst. Bei der Station, die Du bevorzugt mit Deinem inneren Kind aufgesucht hast, findest Du eine Menge Vorschläge (s. Anhang 2).

In der Position „der großen Winde" ist nur eine einzige duftende Pflanze vertreten, nämlich die Lilie. Als eine von ganz wenigen kann ihr Duft auf natürlichem Wege nicht konserviert werden. Umso unverwechselbarer und nachhaltiger verströmt sie selber ihr Aroma, sodass sie vielen Menschen „zu stark" riecht!

Lasse Dich heute innerlich ein auf ihre wunderschönen Blüten, betrachte Bilder der verschiedenen Sorten! Wenn Du Zeit findest, besuche ein Blumengeschäft und atme den Duft der Lilien ein!

Beobachte, was dieser Duft „mit Dir macht"!

Lass Dich heute berühren von allem, was Dir GUT tut!

17. März

Bist Du gestern den Lilien begegnet? Hast Du inwendig ihren herrlichen Duft gespeichert? Durften sie Dir NAHE kommen oder hast Du zu Deiner Schutzhaltung gegriffen, um nicht von so viel Berührt sein überwältigt zu werden?

Alle die Menschen da draußen sind wie die Lilien. Man nimmt sie schon von weiter Ferne wahr und jedes Mal triffst allein Du die Entscheidung, wie nahe Du sie an Dich herankommen lassen möchtest. Aber bevor Du in Abwehrstellung gehst, denk daran: Jede Lilie duftet anders, und vielleicht duftet eine gerade so schön, dass es Dir angenehm sein kann!

Bei den Blüten-Essenzen ist die Lilie unter dem Namen „Tiger Lily" zu finden, das ist eine orangerote gepunktete Tigerlilie.

Bitte notiere Dir ihre Information in Deinem Lernheft:

Ich bin ein Teil des Großen Ganzen.
So erlebe ich mich gelassen,
manchmal sogar heiter.
Es fällt mir daher immer leichter,
in der Gemeinschaft zu leben.
Ich lerne, mich weich und gefühlvoll zu zeigen.

Begegne heute vielen netten Leuten!

18. März

Hast Du es gestern wieder einmal beobachtet? Es macht einen unglaublichen Unterschied, mit welcher Einstellung wir unseren Mitmenschen begegnen! Zugegeben, wir sind oft enttäuscht und verletzt worden. Aber wie viel GUTES versäumen wir allein deswegen, weil wir die anderen angstvoll und misstrauisch beäugen!

Bitte schaue heute einmal sehr genau hin, mit welcher Einstellung Du Deinen Nachbarn, Kollegen, Familienmitgliedern gegenübertrittst! Achte auf Deine geheimsten Gedanken und Deine tiefsten Empfindungen! Sei so achtsam wie der Puma auf der Jagd, nimm mit feinem Gespür wahr, was hier vor sich geht! Und frage Dich jedes Mal: Geht es jetzt, in diesem Augenblick, um DIESEN Menschen, oder meldet sich gerade eine alte Verletzung, eine fast vergessene Erinnerung, eine bloße Ähnlichkeit, ein überholtes Muster?

Hole Dir tagsüber Kraft bei den Erlen, Haselsträuchern und besonders bei den Weiden mit ihren weißen, streichelsanften Kätzchen! Beobachte, wie sich die Blütenstände von Tag zu Tag mehr auftun, wie sie sich lockern und entspannen, um ihre Pollen in der zunehmend lauen Luft loszuschicken!

Ach so, Du bist Allergiker und leidest unter Heuschnupfen? Ist es nicht seltsam, wieso wir gerade auf etwas so Schönes und Entspannendes wie die ersten Frühlingsboten derart intensiv reagieren, ja so sehr zu leiden beginnen, dass wir nur noch heulen möchten?! Wenn es in Dir drinnen tatsächlich so aussieht, dann lasse Dich bitte heute wenigstens gedanklich auf alle Dir bedrohlich erscheinenden Pollenträger ein! Lass sie, wenn schon nicht Deinem Körper, so doch umso mehr Deinem Herzen NAHE kommen!

Spüre heute Deine tiefe Sehnsucht nach Zärtlichkeit, nach Begegnung, Austausch und Nähe! Streichle mit Deinen Händen die Palmkätzchen, oder eine echte Katze, oder ersatzweise ein kleines Schmusetier, ein Kissen!

Ich wünsche Dir einen sanften, empfindsamen, verträumten Tag!

19. März

Hast Du Dich gestern von der Schönheit der Pflanzen und Tiere berühren lassen? Hast Du Dich gestern selber geöffnet, die Natur und die Menschen zu berühren?

Sich der Zärtlichkeit zu öffnen ist ein zutiefst heilsamer Vorgang. Niemand zwingt uns, einsam und trauernd in einem Schutzwall aus Angst und Groll zu verharren!

Öffne Dich der Botschaft der Weide! Bei den Bachblüten spielt die Essenz Willow eine bedeutsame Rolle.
Bitte notiere in Deinem Lernheft:

Von einer höheren Macht getragen
werde ich geistig beweglicher
und richte mein Leben bewusst aus.
Ich übernehme die Verantwortung für mich selbst
und überlasse mich dem Prozess der Heilwerdung.
Es fühlt sich gut an,
den Austausch mit meinen Mitmenschen zu genießen.

Gehe heute hinaus vor Deine Türe, auch vor die Türe Deines Herzens!

Genieße das Gefühl der Freiheit!

20. März

Ich bin sicher, es hat sich etwas in Dir verändert, nicht bloß gestern, sondern in den vergangenen Wochen und Monaten.

Schneegans, Otter und Puma haben uns durch einen langen Winter begleitet, immer in dem Wissen, dass die Tage voranschreiten und heller werden. Nun ist es geschafft, der helle Tag und die dunkle Nacht halten sich die Waage. Der Frühling kann zu wirken beginnen.

Schauen wir heute noch einmal voller Dankbarkeit auf die Botschaft des Pumas zurück! Er hat uns gelehrt, unsere Sehnsucht nach dem Göttlichen nicht nur als innere Unruhe unseres Körpers, nicht bloß in Gedanken wahrzunehmen, sondern tief in unserem Herzen zu spüren, sodass es uns zugleich lachen und weinen lässt! Der „weihnachtliche" Versuch, Himmel und Erde miteinander zu verbinden, ist tatsächlich wahr geworden. Die heilenden Kräfte sind hier bei uns angekommen.

Egal ob das Wetter mitspielen will: Gehe heute vor die Türe, hinein in die erwartungsvolle Natur! Berühre die Gartenerde und rieche ihren Duft! Berühre die hängenden Kätzchen an den Bäumen! Bewundere die Schneeglöckchen und Krokusse! Lausche dem verheißungsvollen Geläute der Vogelstimmen!

Feiere heute ein Fest in der Natur, ein Fest der Dankbarkeit, ein Fest des Werdens! Feiere die Fortschritte, die Du gemacht hast!

Zum Abschluss schreibe bitte mit Deinem Lieblingsstift im Lernheft:
Ich danke aus tiefstem Herzen für ....

Einen reichen, wunderschönen Tag bis morgen!

Ausblick

Tapfer haben wir die langen, kalten Tage und Nächte durchgestanden und waren dankbar für jeden Sonnenstrahl. Gefährliches Glatteis erschwerte uns so manchen Weg. Das Schneeschaufeln war manchmal fast ebenso mühsam wie das Aussortieren und Entmüllen unserer vollgestopften Kleiderschränke.

Trotz allem, die Mühe hat sich gelohnt. Welch herrliches Gefühl der Befreiung, das Alte, Unnütze hinter uns zu lassen!

Jetzt wo die Tage länger werden und die ersten Knospen aufbrechen, dürfen wir uns endlich auf das Neue einlassen, das uns täglich erwartet. Je fröhlicher wir gestimmt sind, je besser wir uns fühlen, umso reger wird sich unser kluger Verstand in eine Richtung bewegen, die uns tatsächlich GUT tut. Schluss mit der winterlichen Schwarz – Weiß – Malerei!

Ab jetzt triffst Du selbst die Entscheidung, wohin Dein Weg geht. Die Bahn ist frei für einen neuen Frühling. Das erste Zeichen des Ostens, der Habicht, erwartet uns schon morgen mit seiner völlig andersgearteten, zielgerichteten Energie.

Also lassen wir uns ein letztes Mal umarmen von Waboose, der lebensspendenden mütterlichen Büffelfrau. Mit ihrer geheimnisvollen, wärmenden Fülle hat sie uns durch den Winter getragen.

**Dankbar für alle empfangenen Gaben
im sichtbaren und spürbaren Bereich
erfahren wir Heilung für unseren Körper.
Indem wir lernen, Unnötiges loszulassen,
tragen wir Hoffnung im Herzen
auf ein schönes, reiches Leben.**

Danke, dass Ihr alle dabei wart!

Anhang 1: Die Chakren-Stationen

1.Station: das Wurzelchakra   Farbe ROT

Das Kind in dieser Station möchte sich verwurzelt fühlen.
Sein tiefster Wunsch ist: **Ich bin eins mit allem.**
Das befreit von angstbesetztem Geiz,
schafft Ordnung und Großzügigkeit.

2. Station: Das Sakral- oder Sexualchakra   Farbe ORANGE

–

In dieser Station nimmt das kleine Kind
zum ersten Mal
bewusst seine Außenwelt wahr.
Zugleich vorsichtig und tapfer
begutachtet es die neuen Eindrücke
und genießt erste Kontaktaufnahmen.
Sein Streben heißt:

Ich sehe dich und achte dich.

3. Station: Das Solarplexus - oder Nabelchakra Farbe GELB

Hier nimmt sich das kleine Kind
endlich bewusst selbst wahr.
Es entdeckt seine eigene Kraft,
seinen eigenen Willen.
Sein tiefer Wunsch lautet:

**Ich bin ich
und bestimme selbst.**

4. Station: Das Herzchakra Farbe GRÜN und ROSA

Diese Station schafft den Ausgleich
zwischen den irdischen
und geistigen Bedürfnissen.
Das Kind erlebt die Macht
der Liebe und der Vergebung.
Es lernt, was Uneigennützigkeit bedeutet.
Seine ganze Sehnsucht lautet:

**Ich tauche ein
in die göttliche Liebe.**

Das Kind gelingt zu seiner inneren Weisheit.
Es entdeckt die Qualität des Glaubens
und findet zugleich Zugang
zu seiner persönlichen Autorität.
Getragen von Selbsterkenntnis
kann es den göttlichen Willen annehmen
und nach außen tragen,
z. B. ungehindert sprechen.
Sein Bestreben heißt nun:

Ich bin frei, mich und meine Gaben zu zeigen.

Das Kind gelangt zu seiner inneren Wahrheit.
Es findet gleichzeitigen Zugang
zu intellektuellen Fähigkeiten und zur Inspiration.
Hier erkennt es seine eigentliche Berufung.
Sein Bestreben heißt nun:

**Ich werde bewusst und lerne
Wahrheit von der Illusion zu trennen.**

7. Station: Das Kronen- oder Scheitelchakra
Farben VIOLETT und WEISS

Unser inneres Kind
gelangt zur Stufe des spirituellen Erwachens.
Es erlebt völlige Verbundenheit mit allem Sein
und verwirklicht sich
in echter Hingabe.
Sein einziger Wunsch lautet:

Ich erlebe die Glückseligkeit des jetzigen Augenblickes.

Anhang 2: Die Chakren-Entsprechungen

Zu jeder Chakrastation findest Du Empfehlungen
zu passenden Aura Soma - Balanceflaschen,
Heilsteinen und Düften

Erste Station: vorwiegend Rot

Aura Soma:
Nr. 5 gelb über rot
Nr. 6 rot über rot
Nr. 55 klar über rot

Heilsteine:
Blutachat (auch 2.)
Flintstein (auch 3. u. 6.)
Granat (auch 2.)
Hämatit
roter Jaspis (auch 2.)
rote Koralle
Mookait
Rosenquarz (auch 4.)
Rubin (auch 4.)
schwarzer Turmalin (auch 6. u. 7.)

Düfte:
Jasmin
Lemongrass (auch 3.)
Linaloeholz
Myrrhe
Olibanum=Weihrauch (besonders 7.)
Patchouli

Rosengeranie (auch 4.)
Rosenholz
Sandelholz (auch 2., besonders 7.)
Verbena (auch 6.) Bitte nicht in der Schwangerschaft und bei Epilepsie!
Vetiver
Ylang-Ylang (auch 2. u. 7.)
Zitrone (auch 3.)
Zypresse (auch 3.) Bitte nicht in der Schwangerschaft verwenden!

Zweite Station: vorwiegend Orange

Aura Soma:
Nr. 26 orange über orange

Heilsteine:
Aprikosenachat
Bernstein (auch 1. u. 3.)
Carneol (auch 1.)
Fleischachat (auch 1.)
Gold
Goldfluss
Hyazinth=Zirkon
roter Jaspis (auch 1.)
Katzenauge (auch 1.)
Mondstein (auch 5. u. 6.)
Naturcitrin
Orangencalcit (auch 3.)
Sarder
Sonnenstein (auch 3.)

Düfte:
Bergamotte (auch 3.)
Cistrose Bitte nicht in der Schwangerschaft anwenden
Ho-Blätter
Sandelholz (auch 1. u. 7.)
Neroli (auch 4.)
Rosengeranie (auch 3. u. 4.)
Tonka
Tuberose
Ylang-Ylang

Dritte Station: vorwiegend Gelb

Aura Soma:
Nr.4 gelb über gold
Nr.14 klar über gold

Heilsteine:
Bernstein (auch 1. u. 2.)
Breckzienjaspis
Citrin (auch 1. u. 2.)
Citrinocalcit
gelber Fluorit
Girasol=Hyolith
Gold (auch 2.)
gelber Goldtopas
gelbe Jade
Landschaftsjaspis
Orangencalcit (auch 2.)
Pyritsonne
Rutilquarz (auch 5.)
Schwefel
Septarien
Tigerauge
Tigereisen (auch 1.)

Düfte:
Bergamotte (auch 2.)
Fenchel Bitte nicht in der Schwangerschaft und bei Epilepsie!
Grapefruit
Immortelle
Karottensamen (auch 4.)
Lavendel (auch 7.)
Lemongrass (auch 1.)
Mandarine

Mimose
Muskatellersalbei
Neroli (auch 2. u. 4.)
Rosmarin (auch 5. u. 6.)
Wacholder (auch 4.) Bitte nicht in der Schwangerschaft!
Zeder (auch 4.) Bitte nicht in der Schwangerschaft!
Zitrone (auch 1.)

Vierte Station: vorwiegend Grün und Rosa

Aura Soma:
Nr. 3 blau über grün
Nr. 10 grün über grün
Nr. 13 klar über grün
Nr. 43 türkis über türkis (zwischen 4. u. 5.)
Nr. 86 klar über türkis (zwischen 4. u. 5.)

Heilsteine:
Amazonit (zwischen 4. u. 5.)
Aquamarin
Aventurin
Chrysopras
Hiddenit
Jade
Kunzit
Malachit
Moosachat
Moosopal (auch 6.)
Morganit
Nephrit
Olivin=Peridot
Prasem
Rhodochrosit (auch 3. 2. 1.)

Rhodonit (auch 2.)
Rosenquarz
Silberauge
Smaragd
Türkis (zwischen 4. u. 5.)
grüner Turmalin
rosa Turmalin
Unakit
Verdit

Düfte:
Geranie (auch 2. u. 3.)
Jasmin (auch 2. u. 7.)
Latschenkiefer
Melisse (auch 3.)
Neroli (auch 2. u. 3.)
Rose (auch 1. u.7.)
Wacholder (auch 3.) Bitte nicht in der Schwangerschaft!

Fünfte Station: vorwiegend Hellblau

Aura Soma:
Nr.2 blau über blau und Nr.12 klar über blau

Heilsteine:
Amazonit (zwischen 4. u. 5.)
blauer Andenopal
Apatit (auch 4.)
Aquamarin
Blauquarz=blauer Aventurin (auch 6.)
blauer Calcit (auch 6.)
Chalcedon
Chrysokoll (auch 4. u. 6.)
Coelestin=Aqua Aura
Dumortierit (auch 6.)
Lapislazuli (auch 6.)
Larimar
Rutilquarz (auch 3.)
Saphir (auch 6. u. 7.)
Sardonyx (auch 1. u. 6.)
blauer Topas
Türkis (zwischen 4. u. 5.)

Düfte:
Cajeput
Iris (zwischen 4. u. 5.)
Kamille blau und Kamille römisch
Ravensara
Salbei
Sandelholz (auch 2.)
Ylang-Ylang (auch 2.)
Ysop

Sechste Station: vorwiegend Farbe Indigo

Aura Soma:
Nr.1 blau über tiefmagenta

Heilsteine:
Azurit (auch 7.)
Azurit-Malachit (auch 4.)
Falkenauge (auch 5.)
Fluorit (auch 3.)
Gold (auch 7.)
lila Golfluss
Iolith (auch 5.)
Lapislazuli (auch 5.)
blauer Saphir (auch 5. u. 7.)
Sodalith (auch 5.)
Tansanit
Turmalinquarz

Düfte:
Elemi
Immortelle (unterstützt rechte Hirnhälfte)
Limette
Minze piperita=Nanaminze
Thymian (unterstützt linke Hirnhälfte)
Verbena (auch 1.) Bitte nicht in der Schwangerschaft!
Wacholder (Hellsehen) Bitte nicht in der Schwangerschaft!

Siebte Station: vorwiegend Violett und Weiß

Aura Soma :

Nr.1 blau über tiefmagenta

Nr.16 violett über violett

Nr. 15 klar über violett

Nr. 0 königsblau über tiefmagenta (8. Chakra)

Heilsteine:

dunkelvioletter Amethyst

Ametrin (auch 1.) Nur für Meditationsgeübte!

Azurit (auch 6.)

Bergkristall

Blue-Moon

Charoit

Diamant

violetter Fluorit

Gold

Goldtopas

Granat (auch 1.)

Magnetit

Rauchquarz

Rubin (auch 1.)

Saphir (auch 6.)

Sugilith (auch 6.)

schwarzer Turmalin=Schörl

Düfte:

Angelika (zusammen mit Heilstein Hiddenit 8. Chakra)

Lavendel (auch 3.)

Mandarine (zusammen mit Heilstein Goldtopas)

Myrte

Olibanum=Weihrauch

Rose (auch 1. u. 4.)

Sandelholz (auch 1. u. 2.) sowie Veilchenblätter

Verzeichnis aller erwähnten Pflanzen von A bis Z

Verzeichnis aller erwähnten Steine von A bis Z

Literaturhinweise

Albrodt Dirk Hrsg.: Illustrierte Enzyklopädie der Blütenessenzen, Bände 1, 2, 3 Edition Tirta, Reise Know-How, Peter Rump Verlag Bielefeld

Die große Enzyklopädie der Heilpflanzen, Neuer Kaiserverlag Klagenfurt, 1994

Edition Methusalem: Das große Lexikon der Heilsteine, Düfte und Kräuter, Methusalem Verlags - GmbH, Neu-Ulm

Graf Bernhard: Heilen mit Edelsteinen, GU-Verlag München 1999

Kreuter Marie-Luise: Der naturgemäße Kräutergarten, BLV Verlag München

Lackner Ferry: Das Licht der Engel, Windpferd Verlag 1998

Müller-Kasper/Uzunoglu: Medizin aus dem Kräutergarten, RM Buch u. Medien Vertrieb GmbH

Myss Caroline: Chakren - Die sieben Zentren von Kraft und Heilung, Droemersche Verlagsanstalt Th.Knaur Nachfolge München 2000

Neumayer Petra / Stark Roswitha: Medizin zum Aufmalen, Mankau Verlag 2006

Neumayer Petra / Stark Roswitha: Medizin zum Aufmalen II - Symbolwelten und Neue Homöopathie, Mankau Verlag 2008

Pfr. Joh. Künzle: Das große Kräuterheilbuch, Verlag Otto Walter AG Olten

Siems Martin: Souling - Mehr Liebe und Gerechtigkeit, Rowohlth 1997

Summer Rain Mary: Leben und Heilen mit der Natur, Earthway,
Bauer Hermann Verlag 1994

Sun Bear & Wabun Wind: Das Medizinrad,
Goldmann Verlag, Arkana 1997

Sun Bear, Wabun Wind, Crysalis Mulligan: Das Medizinrad Praxisbuch,
Goldmann Verlag, Arkana 1997

Temelie Barbara: Ernährung nach den Fünf Elementen,
Joy Verlag 2001

Tolle Eckhart: Jetzt! Die Kraft der Gegenwart,
J. Kamphausen - Verlag & Distribution GmbH Bielefeld 2000

Bücher von Rita Kasparek, erschienen beim BoD Verlag

Reihe: Das Medizinrad als Schlüssel zum Glück

Teil 1 Innenschau
Gesamtüberblick: die wichtigsten Grundkräfte, vier Geistige Führer: lösungsorientierte Ansätze aus körperlicher, geistiger, gefühlsmäßiger und spiritueller Sichtweise.

Teil 2 Die Gabe des Winters
Hauptthemen: Körper, Finanzen, Beruf
22. Dezember bis 20. März

Teil 3 Der Zauber des Frühlings
Hauptthemen: Geist, Ziele, Neuanfang
21. März bis 20. Juni

Teil 4 Die Melodie des Sommers
Hauptthemen: Gefühle, Beziehungen
21. Juni bis 22. September

Teil 5 Die Farben des Herbstes
Hauptthemen: Lebenssinn, Seele, Spiritualität
23. September bis 21. Dezember

Teil 6 Die vier Wege zur Mitte
Übungsbuch mit Jahresüberblick anhand der vier heilenden Wege nach Innen: Aktivierung von Herzenswünschen bei den Positionen der Wintersonnwende, Sommersonnwende, Frühlings- und Herbst-Tagundnachtgleiche.

Teil 7 Die Quadratur des Kreises
Übersichtliche Darstellung der Zusammenhänge am Medizinrad: Sich selbst und die anderen besser verstehen lernen; Hilfsmittel für systemische Darstellungen.

Teil 8 Gutes für Körper, Geist, Herz und Seele
Begegnung mit Medizinradpflanzen, die uns ansprechen und zugleich in irgendeiner Weise körperlich wohltun, sei es die Schönheit der Blüte, der Wohlgeschmack von Obst, Gemüsen, Kräutern, die Wirkung von Tees oder die Besonderheit von Düften.
Interessant wird es, wenn wir uns dabei auch auf Widerstände einlassen, seien es Unverträglichkeiten, Allergien oder Abneigungen.

Reihe: Lachen und Weinen mit Marlene
Der ganz gewöhnliche Alltag einer Medizinrad-Lehrerin

Band 1: ISBN 978-3-7392-1437-5
Ausschnaufffen im Altweibersommer - Marlenes Seelen-Bratgeber

Band 2:ISBN 978-3-8693-7238-9
Abschied ist das Allerletzte - Marlenes Trauer-Bratgeber

Band 3: ISBN: 978-3-7481-4837-1
Glücklich in jeder Beziehung - Marlenes Kuschel-Bratgeber

Dank

Mein herzlicher Dank gilt der wohlmeinenden geistigen Führung durch Sun Bear und die höheren Mächte, ohne die ein solches Buch nicht entstehen kann.

Danke auch an die vielen treuen Begleiter/innen, die mich durch ihre liebevollen Energien am Medizinrad immer wieder neue Erfahrungen machen ließen, oder in irgendeiner Weise an Text und Bild mitgewirkt haben!

Kontakt zur Autorin

Rita Kasparek, Jahrgang 1950, ist Montessoripädagogin und leitet eine kleine Selbsthilfestelle. Ihre Spezialgebiete sind das indianische Medizinrad, die fgh-Methode zur Selbsthilfe und Selbstheilung, Bachblüten und Alltagskomik.

Wer neugierig geworden ist und gerne selber mal im Kreis von Gleichgesinnten das Medizinrad aus der Nähe erleben möchte, kann sich über die regelmäßigen Veranstaltungen der Selbsthilfestelle P-Angelis informieren unter www.p-angelis.blogspot.com

Unter Email -Adresse kasparek.r@gmx.de kannst Du mit der Autorin persönlich Kontakt aufnehmen.